EL TURISTA INTERIOR

Ruth Berger

El turista interior

Una guía de viajes
para descubrir los parajes más
fascinantes de tu personalidad

URANO

Argentina – Chile – Colombia – España
Estados Unidos – México – Perú – Uruguay – Venezuela

1.ª edición Mayo 2014

© 2014 *by* Ruth Berger
© 2014 *by* Ediciones Urano, S.A.
Aribau, 142, pral. – 08036 Barcelona
www.mundourano.com
www.edicionesurano.com

ISBN: 978-84-7953-871-2
E-ISBN: 978-84-9944-744-5
Depósito legal: B-7.899-2014

Fotocomposición: Ediciones Urano, S.A.
Impreso por Rodesa, S.A. – Polígono Industrial San Miguel – Parcelas E7-E8
31132 Villatuerta (Navarra)

Impreso en España – *Printed in Spain*

Índice

«Estoy trazando un nuevo mapa.
Me aventuro como explorador de áreas psíquicas;
soy un cosmonauta del espacio interior,
y no tiene ningún sentido explorar áreas
que ya han sido visitadas a fondo previamente.»

DAVID BOWIE

«Cerré los ojos para poder ver.»

PAUL GAUGUIN

«Algún día en cualquier parte, en cualquier lugar,
indefectiblemente te encontrarás a ti mismo,
y ésa, sólo ésa, puede ser la más feliz
o la más amarga de tus horas.»

PABLO NERUDA

Destino final: mundo interior

El 3 de agosto de 1492, el explorador Cristóbal Colón se disponía a poner rumbo hacia las Indias cuando miró fijamente a su tripulación y dijo: «El mar dará a cada hombre una nueva esperanza, como el dormir le da sueños». Dos meses después, el 12 de octubre de 1492, desembarcó en Guanahani, en las actuales Bahamas, a unos catorce mil kilómetros de su destino original. Un pequeño error de navegación que llevó a uno de los mayores descubrimientos de la humanidad. Un inesperado hallazgo fruto del desconocimiento. En América, las vidas empezaban y acababan. Las civilizaciones perduraban o caían en el olvido: mayas, incas, aztecas, *cherokees*, apaches, *sioux*... Excepcionales culturas que existían al margen del imperialismo europeo del siglo xv. Hasta que un día el amanecer trajo las velas latinas de *La Niña*, *La Pinta* y *La Santa María* y el mapamundi dejó de ser el que era.

Los seres humanos son, entre muchas otras cosas, una colección de mapas, pero algunos están sin explorar. Aunque se ha demostrado que la famosa frase falsamente atribuida a Einstein: «El ser humano sólo utiliza el 10% del cerebro» es un mito fruto de un malentendido, la mayoría de las personas conocen muy poco su interior.

¿Qué me hace llorar? ¿Por qué me emociona esto? ¿Por qué siento tristeza, enfado, nervios, expectación, alegría y miedo el mismo día? ¿Cómo funciona lo de *ahí dentro*? ¿Qué aspecto tiene mi mapa interior?

Si alguna vez te has preguntado alguna de estas cosas, o si, por el contrario, nunca has pensado en ello, tal vez te apetezca adentrarte en un territorio indómito, también conocido como *tu interior.*

¿Estás dispuesto a zarpar hacia tierras inhóspitas, embarcarte en busca de un destino incierto que, a pesar de su cercanía, puede resultarte completamente extraño y misterioso?

Y es que navegar hacia las aguas profundas que bañan tus emociones, tus miedos, tus anhelos y tus convicciones, en definitiva, tu forma de ser y estar en el mundo, es una aventura hacia lo desconocido. Un proceso de búsqueda y transformación interior que, aunque apasionante, no conviene improvisar y requiere de cierta planificación para no naufragar en el intento de llegar a la esencia de tu ser. Además, se trata de un viaje con punto de partida pero sin destino final claro ni duración determinada. Puede durar toda una vida. Por lo que no está de más hacer unos cuantos preparativos antes de zarpar.

«Conócete a ti mismo»

Se dice que este célebre aforismo aparecía esculpido en el frontispicio del templo de Apolo en la bella Delfos. A lo largo de la historia, infinidad de pensadores, filósofos, poetas, psicólogos, profetas y guías espirituales, entre otros, se han esforzado en aportar su granito de arena con la intención de ayudarnos en una travesía ciertamente complicada.

Desde mucho antes de que esa inscripción luciera al pie del monte Parnaso hasta nuestros días, la especie humana ha demostrado tener una sed infinita de conocimiento. El ser humano es el único animal que tropieza dos veces con la misma piedra, pero es también el único que no cesa nunca en su empeño de ir más allá.

Se han recorrido los 384.400 kilómetros que nos separan de la Luna, explorado los casi 150 millones de kilómetros cuadrados de superficie terrestre, navegado por los más de 360 millones de kilómetros cuadrados de mares y océanos, ascendido a las cimas más altas y sumergido en las simas más profundas. Nada nos ha detenido en ese afán de explorar, descubrir y saber. Y, aun así, algo tan intrínseco a nosotros como es nuestra mente sigue siendo toda una desconocida.

Irónicamente, parece que cuando se trata de recorrer los entresijos de nuestro ser más profundo, intimar con nuestras emociones o charlar con nuestros miedos, nuestro afán conquistador se adormece. Esa inquietud, ese inconformismo y ese valor por ir siempre un poco más allá desaparecen y dejan paso a una aceptación ciega. Como cuando miramos un reloj de pared y damos por sentado que marca la hora sin saber, en realidad, cómo se mueven sus agujas.

Pero estamos aquí para hacer algo distinto. Estamos aquí para descolgar el reloj de la pared, darle la vuelta, desatornillar la parte trasera y meter la nariz entre los engranajes de latón e investigar. Es el momento de arremangarse la camisa, cargarse de decisión y valentía y sumergirse en esa colección de infinitas piezas para ver por qué nuestro cerebro hace tic o a veces tac. Será un largo recorrido, pero hacer frente a este proceso de autoconocimiento aceptando honestamente todo lo que vayas a descubrir puede convertirse en la mayor de las aventuras.

Cartas de navegación

¿Quién soy?, ¿de dónde vengo?, ¿adónde voy? Son las tres cuestiones fundamentales que acompañan al ser humano desde que tiene uso de razón. La búsqueda de respuestas a esos interrogantes nos ayuda a darle un sentido a la vida y a todo lo que nos sucede. Eso sí, para llegar a conocernos un poco mejor es inevitable emprender un largo viaje hacia el interior del propio ser, aquietar y distanciarse de los pensamientos que nos adormecen y despertar a una nueva realidad, más consciente y vívida tanto a nivel físico como mental, emocional y espiritual.

La búsqueda interior es un largo viaje. De ahí que, antes de partir, convenga preparar las cartas de navegación y un pequeño equipaje: una mochila libre de cosas materiales pero llena de actitudes, valores y conductas que pueden ayudarte durante el tortuoso camino. La clave está en facturar una maleta ligera y no olvidar nunca que la verdadera felicidad no consiste en cargar, sino en soltar.

Para empezar, deja suficiente espacio en tu interior para la paciencia y piensa en aquello que dijo Ortega y Gasset: «Camina lento, no te apresures. Al único lugar donde tienes que llegar es a ti mismo». Muchas de las virtudes más apreciadas tienen una estrecha relación con ella: la generosidad, la tolerancia, la esperanza, la voluntad, el equilibrio… A pesar de ello, la paciencia vive malos tiempos en una sociedad acostumbrada a conseguirlo todo por la vía rápida y cuanto antes. Pero practicarla es esencial a la hora de ejercitar la reflexión y serenidad indispensable para observar los hábitos y reacciones que pueden estar boicoteando tu crecimiento y desarrollo personal.

Tan importante como la paciencia en tu equipaje de cosmonauta interior es la fuerza de voluntad necesaria para no desfallecer en el camino. Explorar tu yo interior no va a resultar una tarea sencilla, y precisarás dosis extra de motivación para no abandonar el objetivo frente a las dificultades que, inevitablemente, aparecerán. En este sentido, también es importante llevar contigo cierta tolerancia a la frustración. Puede que al principio el viaje no resulte tal como habías imaginado, que no acabes de llegar al destino o que te pierdas por el camino. Permítete cometer errores. Permítete quedarte en el suelo hasta recuperar el aliento y volverte a levantar. Permítete aprender de cada experiencia.

Y recuerda que éste no tiene que ser un viaje solitario. Si así lo prefieres, búscate un compañero que camine a tu lado y te dé la mano cuando el sendero sea muy escarpado. Del mismo modo que utilizas una brújula o un GPS al emprender una ruta desconocida, es una buena idea dejarse asesorar o apoyar por un especialista en la técnica o método que hayas elegido para sumergirte en tu yo interior.

Ya tienes la paciencia, la fuerza de voluntad y el apoyo. Todavía queda sitio en la mochila para cargar con la autoconciencia. Con ella nos referimos a la capacidad de observarse a uno mismo para identificar, interpretar, evaluar y modificar nuestras manifestaciones internas y externas. La llamada «inteligencia emocional» de las personas empieza precisamente en la autoconciencia y en la capacidad de sintonizar con todas las sensaciones, sentimientos, intenciones y emociones que nacen en tu interior para llegar a comprender la forma en que reaccionas y te comportas ante la realidad.

La autoconciencia debe ir acompañada de un considerable esfuerzo para ser sincero con todo aquello que visualices en tu interior. De nada servirá dar con las claves de tus emociones y de tu comportamiento si no te atreves a mirarlas directamente a los ojos y reconocer cómo afectan a tu vida. Seguramente, a lo largo del viaje descubrirás cosas de tu personalidad que te disgustan o desagradan, por lo que debes afrontar el proceso con sinceridad y capacidad para autoevaluarte de forma realista. Del mismo modo, te garantizo que también te sorprenderás gratamente con valores y actitudes que no creías poseer. Habrá cal y habrá arena. Así que no te olvides también de cargar una buena cantidad de sentido del humor que te ayude a relativizar la trascendencia de las piedras que vayas encontrando en el camino.

El viaje que estás a punto de emprender también requiere una buena capacidad de atenta observación y concentración. Ahora bien, esa mirada hacia tu interior necesita unas *gafas* distintas a las que utilizas para observar la realidad exterior. En este caso, debes aprender a observar de forma diferente, aquietar la mente mediante técnicas de concentración, ejercicios, respiración… y disponerte a mirar más allá de lo que dicta tu parte analítica y sin utilizar mecanismos de defensa que boicoteen la esencia del viaje.

¿Alguna vez has intentado fijar la mirada en un objeto que no para de moverse? Por ejemplo, cuando llega el tren a la estación e intentas mantener la mirada sobre todo aquel escenario en movimiento. Es complicado, ¿verdad? Ocurre lo mismo a la hora de observar tu interior. Si en tu mente se agolpan los pensamientos en un vaivén continuo, te resultará muy difícil alcanzar la concentración necesaria para fijar la atención plena en lo más profundo de tu ser. Así que mete también en una de las cartas de navegación este inspirador poema de Pablo Neruda para que te ayude a comprender la necesidad de hacer menos y ser más:

A callarse

Por una vez sobre la tierra
no hablemos en ningún idioma;
por un segundo, detengámonos;
no movamos tanto los brazos.
Sería un minuto fragante,
sin prisa, sin locomotoras;
todos estaríamos juntos
en una quietud instantánea.
Los pescadores del mar frío
no harían daño a las ballenas,
y el trabajador de la sal
miraría sus manos rotas.
Los que preparan guerras verdes,
guerras de gas, guerras de fuego,
victorias sin sobrevivientes,
se pondrían un traje puro
y andarían con sus hermanos

por la sombra, sin hacer nada.
No se confunda lo que quiero
con la inacción definitiva:
la vida es sólo lo que se hace,
no quiero nada con la muerte.
Si no pudimos ser unánimes
moviendo tanto nuestras vidas,
tal vez no hacer nada una vez,
tal vez un gran silencio pueda
interrumpir esta tristeza,
este no entendernos jamás
y amenazarnos con la muerte.
Tal vez la tierra nos enseñe
cuando todo parece muerto
y luego todo estaba vivo.
Ahora contaré hasta doce
y te quedarás quieto.

Puertos con encanto

«¿Qué tal va?» Seguramente has escuchado infinidad de veces esa pregunta. Un interrogante que, casi de forma automática e inconsciente, sueles responder con un lacónico: «Bien... ¿Y tú?» Pero ¿qué encierra ese «bien»? ¿A qué te refieres? ¿Qué estás valorando? En la mayoría de los casos piensas en tu salud, en tus relaciones familiares, en tu trabajo, en el estado de tu cuenta corriente... En todas aquellas cosas de tu mundo exterior que, supuestamente, te hacen sentir bien.

Cambia el enfoque. Detén por unos instantes el fluir de tus pensamientos, serena tu mente, mira hacia dentro y pregúntale a tu yo más profundo: «¿Qué tal va?»

Si no estás acostumbrado a hacerlo, lo más seguro es que tan sólo escuches un torrente incesante de pensamientos acompañados de sus respectivas emociones. Es como si una tupida y persistente niebla impidiese ver tu esencia más profunda; como si esos pensamientos, en definitiva, tu mente, te poseyeran por completo. Es lo que se conoce como «mente egoica», aquélla en la que existe un acusado sentido del ego en cada recuerdo, opinión, crítica, reacción o emoción.

Así lo describe el autor Eckhart Tolle cuando se refiere a la mente como «un instrumento soberbio si se usa correctamente. Sin embargo, si se usa incorrectamente se vuelve muy destructiva. Para decirlo con más precisión, no se trata tanto de que usas la mente equivocadamente: generalmente no la usas en absoluto, sino que ella te usa a ti. Ésa es la enfermedad. Crees que tú eres tu mente. Ése es el engaño. El instrumento se ha apoderado de ti».

Tu mente te engaña

Si observas con atención, verás que tu mente no descansa ni siquiera cuando duermes. Siempre parece estar presente, yendo de un lugar a otro de tu realidad más inmediata. Tan pronto está en el presente como retrocede hacia el pasado o salta hacia el futuro. Es inconformista y dedica mucha energía a rechazar lo que es e intenta cambiarlo. Es extremadamente cauta y no para de protegerse planificando posibles salidas o soluciones a todo tipo de situaciones reales o ficticias. Es hedonista y le gusta fantasear aproximándose a todo aquello que le genera placer. También tiene un punto de cobarde y no duda en alejarse o evitar lo que le produce temor o aversión. Continuamente se relaciona con las emociones y con el cuerpo afectando su estado o siendo alterado por ellos. Y le cuesta ser holística porque es incapaz de acaparar la realidad en su totalidad.

Mecanismos de defensa

Visto así, no es de extrañar que nos genere confusión, conflicto, inestabilidad y sufrimiento. Aun así, respondemos: «Bien» cuando nos preguntan qué tal nos va, convencidos de que estamos diciendo la verdad. Pero lo que realmente ocurre es que tu mente te engaña y distorsiona la realidad para protegerte de la ansiedad o el estrés que te provoca. Y lo hace a través de una serie de mecanismos de defensa que todos utilizamos a diario, ya sea de forma consciente o inconsciente, para afrontar un acontecimiento o situación estresante de modo que nos permita seguir funcionando con normalidad. Seguramente has puesto en práctica la mayoría de estos mecanismos psicológicos. Ahí van los más comunes:

- **Racionalización.** Es lo que todos hacemos cuando utilizamos explicaciones racionales en un intento de justificar determinadas actitudes, creencias o comportamientos personales que, de otro modo, serían censurables. Por ejemplo, cuando programamos el despertador para levantarnos pronto y al sonar nos autoconvencemos de que la tarea pendiente no es tan importante y que más tarde podremos hacerla igualmente.

- **Represión.** En este caso, la mente se encarga de eliminar o expulsar una idea o un sentimiento de la conciencia. Por ejemplo, este mecanismo acostumbra a darse cuando alejamos de la mente una actitud personal que nadie conoce pero que nos avergüenza.

- **Regresión.** Se da cuando la persona retorna a conductas del pasado como forma de resolver una dificultad. Se acostumbra a dar, por ejemplo, cuando un niño siente celos con la llegada de un nuevo hermano y vuelve a orinarse en la cama.

- **Aislamiento.** Consiste en reducir el grado de implicación en circunstancias que puedan ser desilusionantes. Ante una situación conflictiva, se separa la situación misma de los sentimientos que provoca. Por ejemplo, utilizan este mecanismo las personas que, ante una crisis de pareja, permanecen más tiempo en el trabajo para no afrontar el problema.

- **Proyección.** Aparece cuando atribuyes a otra persona algún defecto moral o falta que tienes. De esta forma, la defensa psíquica logra poner estos contenidos amenazantes afuera. Un ejemplo sencillo se da en las personas impuntuales que siempre culpan al tráfico, a las incidencias en el transporte público o directamente a otras personas de sus retrasos.

- **Negación.** Consiste en no reconocer algún aspecto doloroso de la realidad negando los datos aportados por los sentidos. Es un mecanismo de defensa habitual en las personas que tienen algún tipo de adicción. Por ejemplo, negar que se tiene un problema ante un exceso de consumo de tabaco o alcohol.

- **Compensación.** Este mecanismo consiste en desarrollar la capacidad positiva en un intento de compensar una deficiencia física, social o intelectual. Por ejemplo, las personas que muestran una actitud prepotente en el trabajo para enmascarar un fuerte complejo de inseguridad o inferioridad.

Para llegar a profundizar verdaderamente en el yo interior, es clave hacerlo desde una actitud abierta y de completa sinceridad. Los mecanismos de defensa están ahí para ponerte las cosas difíciles y enmarañar el horizonte. El primer paso para superarlos es aprender a reconocer estos patrones improductivos de respuesta emocional, mirarlos de frente y en ningún caso negarlos.

Se empieza aumentando la conciencia sobre todo aquello que estás sintiendo y que provoca el uso de determinados mecanismos psíquicos, así como dejando que los demás también sean conscientes. Para ello conviene familiarizarse con los propios patrones de pensamiento, al igual que haces con los de tu cuerpo. ¿Verdad que sabes lo que debes hacer o evitar ante un resfriado o dolor de cabeza? Pues de igual forma deberías actuar ante una situación compleja o problemática: con sinceridad y sin autoengañarte.

Navegando por las emociones

Profundizar en la esencia de tu ser requiere disciplina, autodominio y una buena dosis de valentía para entrar en aquellos *lugares* que no acostumbras a visitar. Pero si quieres conocerte mejor y dejar atrás los mecanismos de defensa, debes empezar por conocer bien cuáles son tus emociones y cómo se hacen presentes en tu mente ante cualquier situación o acontecimiento de tu vida, ya sea del pasado, del presente o del futuro. Como cosmonauta interior, esas emociones son los puertos con encanto que debes aprender a visitar con cierta asiduidad para entender tu forma de enfocar la realidad y así poder trabajar en mejorar o transformar determinadas conductas.

La palabra «emoción» proviene del término «*emotio*», que hace referencia al impulso que induce la acción. Los psicólogos coinciden en definirla como aquel sentimiento o percepción de los elementos y relaciones de la realidad o la imaginación que se expresa físicamente mediante alguna función fisiológica como reacciones faciales o pulso cardíaco, e incluye reacciones de conducta como el llanto, la agresividad, etc.

Para ayudarnos a navegar por ellas, en 1980, Robert Plutchik creó la **Rueda de las Emociones**. Según este psicólogo estadounidense, el ser humano experimenta una serie de emociones, y cada una de ellas nos ayuda a adaptarnos a las demandas de nuestro ambiente aunque de diferentes maneras. Algunas son:

◆ **Alegría.** Es el estado de la mente o el sentimiento relacionado con la satisfacción, el placer, el gozo o la felicidad en relación a una calidad de vida determinada. Muchos la definen como el estado de ánimo más confortable por el cual se puede pasar, aunque acostumbra a ser una sensación efímera y poco perdurable en el tiempo. Es la emoción que nos aporta más energía y dirección a la hora de disfrutar plenamente de la vida y nos motiva a buscar aquello que nos causa placer.

◆ **Confianza.** Es la creencia de que uno mismo será capaz y deseará actuar de manera adecuada en determinada situación o circunstancia. Esta emoción se genera en nuestro interior y debe trabajarse a nivel individual, a pesar de que se tiende a esperar que llegue del exterior a través de la aceptación de los demás.

◆ **Miedo.** Uno de los lugares que nos cuesta más *visitar* en nuestros viajes por el yo interior. Es un destino que genera ansiedad, duda, angustia y todo tipo de sensaciones negativas y desagradables. En los tiempos que corren, esta desagradable emoción primaria, provocada por la percepción de un peligro, real o supuesto, es bastante frecuente. A la hora de afrontarlo, puede ayudarte aceptar que el miedo existe, que es algo real y normal que, de una u otra forma, afecta a todas las personas; rebajar su impacto relativizando su importancia y la manera en la que incide en tu vida, mirarlo a los ojos y definir un plan de acción; asumir que todos tenemos la suficiente fuerza para enfrentarnos a los temores que nos acechan y no dejar que te paralice; y pedir ayuda: acudir a amigos, familiares, compañeros o especialistas y explicarles qué te sucede.

◆ **Tristeza.** La emoción contraria a la alegría y por lo tanto una de las que menos queremos vivir. Caracterizada por un decaimiento del ánimo, suele abordarnos cuando las propias expectativas no se ven cumplidas o cuando las circunstancias de la vida son más dolorosas que alegres. Junto al miedo y la ira, constituye la primera línea de defensa afectiva contra las amenazas externas. Esta emoción puede afectar de manera considerable los procesos de pensamiento y generar aislamiento. En su grado más intenso, adopta la forma de depresión.

Según Plutchick, las emociones básicas se pueden combinar para producir un rango de experiencias aún más amplio. Queda claro en la siguiente tabla:

Emoción Básica		Emoción Básica		Emoción Avanzada
Alegría	+	Anticipación	=	Optimismo
Confianza	+	Alegría	=	Amor
Miedo	+	Confianza	=	Sumisión
Sorpresa	+	Miedo	=	Alevosía
Tristeza	+	Sorpresa	=	Decepción
Aversión	+	Tristeza	=	Remordimiento
Ira	+	Aversión	=	Desprecio
Anticipación	+	Ira	=	Susto

Un vistazo a la conciencia

La conciencia es una función elemental que determina tu capacidad para relacionarte con el ambiente y contigo mismo. A través de ella, percibes todo lo que pasa, tanto en el exterior como en el interior. Y puede pasar por diferentes estados. Desde cada uno de ellos tienen lugar una serie de procesos mentales característicos, niveles de pensamiento y grados de evolución interior. Estos suelen ir acompañados de contenidos mentales, como sentimientos, actitudes, deseos, prejuicios, conceptos, etc. Estados que no son algo exclusivo de las personas, como muchos creen. Los animales también experimentan muchos de estos procesos, aunque su conciencia es más perceptiva y los ayuda a hacer frente a situaciones que los seres humanos somos incapaces de resolver.

Es el caso de las ardillas, por ejemplo. Estos pequeños animales pueden esconder semillas para el invierno en cientos de lugares diferentes y acordarse de dónde están en el momento oportuno. Por su parte, una oveja es capaz de reconocer rasgos faciales de hasta cincuenta ejemplares de su rebaño.

En cambio, la conciencia del ser humano es reflexiva y se ejecuta desde el conocimiento propio y de los demás.

Corrientes filosóficas, religiones, científicos y escuelas de psicología han profundizado en el estudio de la conciencia a lo largo de la historia. Una de las cunas se encuentra en la tradición filosófica-psicológica de los *upanishads*, los *vedas*, el taoísmo y el budismo. En este sentido, Oriente siempre ha ido un paso por delante en el estudio y la profundización de la conciencia y sus diferentes estados. Su enfoque va ligado a la idea de *iniciación*, entendida como una conquista progresiva de grados de conciencia cada vez más elevados. Por ejemplo, la tradición hindú relaciona dichos estados con los diferentes centros energéticos situados a lo largo del eje mayor del cuerpo donde la conciencia puede quedar fijada. Por su parte, el budismo distingue dos tipos: la conciencia personal, de carácter genético, y la cósmica, compuesta por la conciencia prehistórica, la del sueño y la conciencia pura que se dan durante la práctica del zazen.

Conforme se va profundizando en este autoconocimiento, se experimentan una serie de estados interiores que determinados autores, como por ejemplo García-Bermejo, clasifican en: vivencia estética, vivencia emocional, regresiones conscientes, sueño lúcido, alucinaciones, ilusiones perceptivas, telepatía, clarividencia, clariaudiencia, iluminación intelectual, intuición trascendental, iluminación mística, arrobamiento, yoga natural, fana islámico, zikr sufí, experiencia clímax, levitación, desdoblamiento físico-espacial, vivencia transpersonal, estado de gracia, yoga de la unidad, accesis, conciencia cósmica, meditación trascendental de la unidad, éxtasis cristiano, supraconciencia, *samadhi* védico-hinduista, satori budista zen, nirvana y divinización plena.

Un estado alterado de conciencia es una modificación de la misma a través de distintas técnicas y métodos mediante los que se transforman las percepciones del sujeto (lo interno) de su mundo (lo externo) y de las relaciones entre ambas instancias, y que pueden llegar a disolverse en una experiencia sin *dentro* ni *fuera*.

El turista interior es un exhaustivo manual que incluye los principales métodos de inducción para modificar la conciencia. Una modificación que, según Stanislav Grof, padre de la psicología transpersonal, «es a la psicología lo que el microscopio es a la biología o el telescopio a la astronomía». Es decir, un cambio interesante que permite al ser humano asomarse directamente a las regiones más ocultas de la mente en busca de respuestas, tal como expresa el autor Hermann Hesse en su obra *Siddharta*:

> «*Siddharta había empezado a alimentar el descontento en su interior. Comenzó por comprender que el amor de su padre, el cariño de su madre y también el afecto de su amigo, Govinda, no le harían feliz para toda la vida. No le satisfacía ni le bastaba. Había empezado a presentir que su venerable padre y los otros profesores, junto con los sabios brahmanes, ya le habían comunicado la parte más importante de su sabiduría. Adivinaba que ya habían henchido hasta la plétora el recipiente, y, sin embargo, el recipiente no se encontraba lleno.*
>
> »*Los sacrificios y la invocación de los dioses eran excelentes... Pero ¿lo eran todo? Y ¿qué sucedía con los dioses? ¿Acaso los dioses no eran unos seres creados como yo y como tú, súbditos del tiempo, pasajeros? ¿Tenía sentido, entonces, ofrecer sacrificios a los dioses? ¿Dónde vivía, dónde latía su corazón eterno? ¿Dónde sino en el propio yo, en nuestro interior, en lo indestructible que cada uno lleva dentro de sí? ¿Pero dónde se hallaba este yo, este interior, este último? No es carne ni es hueso, no es pensamiento ni conciencia: así lo enseñan los grandes sabios. Entonces, ¿dónde? ¿Dónde se encontraba? ¿Existía otro camino para llegar al yo, al atman..., un camino que valía la pena buscar?*»

A lo largo de la historia, las tradiciones espirituales de todo el mundo han profundizado en este viaje interior, este nuevo nacimiento de la conciencia más allá de lo simplemente personal, para alcanzar a comprender el yo profundo. Más allá de la conciencia ordinaria, empeñada en aferrarse a las cosas que puede percibir a través de los cinco sentidos, al mundo multidimensional de nuestras experiencias contemplativas o lo que el budismo denomina «la verdad relativa presidida por el yo», está la verdad absoluta, un camino reservado a aquellas personas que transitan el viaje hacia el autoconocimiento, convencidas de que todas las respuestas están en su interior.

¿Preparado para partir?

Empieza el viaje. Ya está todo listo: el equipaje a punto, el destino y todos aquellos puertos que queremos visitar marcados en el mapa. Tan sólo falta saber cómo quieres llegar hasta allí, qué medio (o medios) vas a utilizar para emprender ese paseo por el yo interior.

Puestos a atravesar las coordenadas espacio-tiempo para hacer un poco de turismo por tu conciencia y tus emociones, es importante elegir bien el vehículo, la técnica y el método o sistema que te resulte más eficaz, cómodo y, por qué no, divertido. Puede que ya seas un cosmonauta interior experimentado y busques vivencias nuevas y diferentes, o que apenas te hayas iniciado como autoexplorador en busca de respuestas para tu crecimiento personal. En cualquier caso, lo realmente importante es todo aquello que vas a experimentar, vivir y aprender a lo largo del camino que estás a punto de iniciar.

Ya sabes el destino. Sube a bordo y déjate llevar por la corriente.

1

Autohipnosis

«Una vida feliz consiste en tener tranquilidad de espíritu.»

MARCO TULIO CICERÓN (106 A. C.–42 A. C.)

Antes de partir

Krishnamurti sostenía que nuestros incesantes pensamientos jamás podrán comprender la totalidad de la vida. Según el célebre filósofo místico, sólo cuando conseguimos aquietar la actividad de la mente, existe la lúcida percepción de lo total, más allá de cada uno de los fragmentos que tantos conflictos y confusiones nos generan.

Cada segundo, el cerebro recibe millones de estímulos que procesa y memoriza sin tregua, así que no resulta fácil detener esa intensa actividad neuronal. Ahora mismo, mientras lees estas líneas, tu cerebro está recibiendo infinidad de pedazos de información: el mensaje de la autora, el tacto del papel, la sensación térmica de la habitación, los sonidos del entorno y una interminable lista de micropensamientos generados por todo lo que experimentas en este preciso instante. En todo momento, los cinco sentidos andan ocupados captando todo lo que sucede a tu alrededor.

¿Cómo silenciar ese runrún interior? ¿Cómo reducir el peso de esa atención dispersa y aumentar la atención interna? ¿Cómo alcanzar un estado de superconcentración que focalice tu mente, que separe el grano de la paja?

Según Krisnamurthi, para llegar a este cambio de conciencia debemos practicar la observación pura, sin pensamiento, sentimiento ni palabras. Dicho así parece sencillo, pero alcanzar ese estado de percepción directa requiere de mucha práctica.

Basta con hacer una sencilla prueba para percibir su dificultad: siéntate en un parque y fija tu mirada en un árbol o en un parterre de flores. ¿Qué ocurre? Seguramente, tu mente empezará a conversar sobre aquello que está viendo. El color de los pétalos, el aspecto de los árboles, los insectos y pequeños animales que revolotean alrededor, los paseantes, el ruido ambiental… Sin darte cuenta, en apenas unos segundos tu mente se habrá desplazado muy lejos de ese lugar y ya estará enfrascada en pensamientos ajenos a ese momento y moldeados por tu propio yo.

Los naguales, maestros espirituales de la civilización tolteca, llaman «mitote» a esta especie de niebla que impide ver la esencia de las cosas, ver quién eres realmente más allá de la realidad dominada por el ego.

Según la cultura nagual, al principio el mundo estaba dominado por el gran vacío. Un buen día, los dioses Tepeu y Kukulkán decidieron dar vida a la nada y crearon la tierra y el mar, la vegetación y la fauna, y, por último, culminaron su obra creando al ser humano. Hicieron varios intentos hasta que lograron un ser inteligente que lo conocía todo, lo observaba todo y lo entendía todo. Sorprendidos por tanta perfección, temieron que rivalizara con su poder y decidieron nublarle la vista para que no pudiera ver más allá de lo que tenía delante. A ese humo cegador lo llamaron «mitote», un incesante torrente de pensamientos involuntarios y compulsivos acompañados por sus respectivas emociones que ocupan la mente humana y que nos impiden pensar sin la intervención del yo.

No es fácil disipar esa niebla cegadora, reeducar la mente egoica en la que cada pensamiento, cada recuerdo, cada punto de vista o cada reacción están condicionados por el sentido del yo. Técnicas como la autohipnosis pueden ser una herramienta eficaz a la hora de centrar ese estado mental errático e inducir una profunda relajación que silencie el ego y permita llegar a la esencia de las cosas.

Un poco de historia

La hipnosis es una antiquísima técnica utilizada desde hace siglos para generar cambios en el comportamiento, la percepción e incluso la emoción de las personas. De hecho, en el célebre Papiro Ebers, uno de los tratados médicos más antiguos y datado en el año 1500 a. C., ya se describen manipulaciones hipnóticas para alterar la conciencia con el fin de calmar el dolor.

Algunos investigadores sostienen que diversos fenómenos descritos en el Nuevo Testamento son un claro antecedente histórico de la hipnosis. En concreto, se refieren a determinadas curaciones realizadas por Jesús de Nazaret mediante el uso de técnicas como la voz tranquilizadora, la fijación de la mirada, la imposición de manos y las sugestiones posthipnóticas.

Pero no fue hasta el siglo XVIII de nuestra era cuando el médico alemán Franz A. Mesmer sentó las bases de la hipnosis moderna. El creador del llamado «magnetismo animal» o «mesmerismo» fue el primero en postular el poder terapéutico de la sugestión. Sus prácticas alcanzaron gran fama en la Europa de aquella época y pocos años después sirvieron para que el cirujano escocés James Braid acuñara por primera vez el término «hipnosis» en su primer y único libro *Neurypnology: or the Rationale of Nervous Sleep* (Neuripnología. Tratado del sueño nervioso). En él, Braid definía la hipnosis como un *sueño nervioso* que podía inducirse fijando la mirada en un objeto brillante (como un prisma o una bola de cristal) en movimiento y a la altura de la frente. De hecho, actualmente, todos aquellos métodos para hipnotizar que se basan en la fijación de la mirada se conocen como «método de Braid».

Los estudios de este especialista precedieron a la creación de la Escuela de Nancy, creada a finales del siglo XIX por el profesor de medicina Hippolyte M. Bernheim. Los trabajos sobre la sugestión como elemento fundamental de la hipnosis tuvieron un eco inmenso en la época y enseguida atrajeron la atención de psicoterapeutas de todo el mundo. Entre ellos estaba un joven Sigmund Freud que empezó a utilizar la hipnosis como método para llegar al inconsciente de sus pacientes y como paso previo a la creación del psicoanálisis hacia 1896.

En las primeras décadas del siglo XX, la hipnosis cayó en desuso, pero resurgió con fuerza hacia los años cincuenta cuando la American Psychiatric Association (APA) reconoció su valor como legítimo método terapéutico. Asimismo, este prestigioso organismo ya sostenía que era posible autohipnotizarse, describiendo esta técnica como el acto de autoadministrarse el procedimiento hipnótico.

Recientemente, la hipnosis se ha mostrado como un eficaz método para controlar problemas como el tabaquismo, el exceso de peso, los tics nerviosos, el tartamudeo, la ansiedad, las fobias, los trastornos psicosomáticos, el dolor y el insomnio, entre otros.

Posibles itinerarios

Existen diferentes métodos para inducir el trance hipnótico. Cada una de las técnicas se puede adaptar y modificar en función de las características y necesidades de cada persona. En cualquier caso, es importante que al ponerlas en práctica siempre vayan precedidas por una serie de ejercicios de relajación que ayuden a favorecer la aparición del estado de trance. Entre los principales métodos de autohipnosis destacan:

- **Método de fijación.** Consiste en fijar la vista en un punto ligeramente por encima de los ojos para lograr un progresivo desenfoque de la mirada y el cansancio de los párpados como fase previa a la visualización.

- **Método de visualización.** Esta técnica consiste en introducirse en una escena gratificante utilizando los cinco sentidos para experimentarla de la forma más intensa y real posible.

- **Método respiratorio.** La técnica consiste en aspirar, retener y exhalar, marcando un ritmo de respiración constante de tres segundos por cada gesto. A medida que la capacidad pulmonar crezca, también se pueden ir aumentando los tiempos.

- **Entrenamiento autógeno.** Consiste en tensar y destensar diferentes grupos musculares del cuerpo hasta generar un estado de profunda relajación.

- **Método de la grabación.** Se trabaja siguiendo los pasos indicados en un CD de autohipnosis que contenga las palabras y sugestiones adecuadas, que habrán sido grabadas previamente.

Actividades y ejercicios

Antes de empezar con esta práctica de autohipnosis, es importante crear un clima relajante y sereno. Para ello, elige un momento del día tranquilo, deja la habitación en semipenumbra y ponte ropa cómoda. Si lo prefieres, puedes encender unas cuantas velas y poner algo de música suave. También es importante que el ambiente sea confortable y que no haga demasiado frío o calor. A continuación:

♦ **En una habitación silenciosa, siéntate en una silla, sillón o cama cómoda.** Hay gente que prefiere tumbarse, pero si no estás muy entrenado, serás más susceptible de quedarte dormido en pleno ejercicio. Tanto si te sientas como si te tumbas, es importante no cruzar piernas o brazos: la postura debe mantenerse un buen rato y los miembros cruzados pueden causar hormigueos incómodos o dolores leves.

♦ **Asegúrate de que tendrás media hora sin interrupciones.** Desconecta teléfonos y alarmas.

♦ **Cierra los ojos y concéntrate en alejar tu mente de pensamientos negativos, estrés o ansiedades.** Al principio, este paso te resultará difícil. A menudo, tratar de no pensar tiene el efecto contrario, y nuestro cerebro nos bombardea con ideas. No intentes expulsar tus pensamientos; simplemente déjalos ir y venir sin concentrarte en ellos, y poco a poco irán desapareciendo. Profundizaremos más en este paso en los apartados dedicados a la meditación.

♦ **Siente la tensión en tu cuerpo.** Empieza por los dedos de los pies. Nota la tensión que hay acumulada en ellos e imagina que va desapareciendo y que esa parte de tu cuerpo es cada vez más ligera. Cuando sientas que tus dedos de los pies podrían irse flotando, haz lo mismo con tus pies. Y después sigue con tus pantorrillas, rodillas, muslos, caderas, vientre y espalda hasta llegar a tu cara y cabeza. Si necesitas ayuda, puedes visualizar cualquier cosa que te resulte tranquilizadora y reconfortante. El agua suele ser muy efectiva porque puedes imaginarla recorriendo tu cuerpo y llevándose la tensión con ella.

- **Respira lenta y profundamente.** Cuando exhales, visualiza la tensión y la negatividad abandonando tu cuerpo como si fuera una nube oscura. Y cuando inhales, imagina que el aire que llena tus pulmones es una luz brillante y llena de vida.

- **Disfruta de la sensación de relajación que se expande por tu cuerpo.** Y, entonces, imagina que estás en el último escalón de una escalera de diez peldaños. El quinto peldaño está medio sumergido en el agua. Imagina cada detalle de esta escena: cómo es la escalera, de qué material está hecha, cuán transparente es el agua. Cuando veas la escena a la perfección, dite a ti mismo que vas a bajar esa escalera, y ve contando con cada escalón que desciendas, empezando por el décimo. Imagina cada número en tu mente. Imagina que cada número que cuentas está un poco más lejos y un escalón más cerca del fondo. Después de cada número, sentirás que te hundes más y más en una relajación profunda. Al dar cada paso, imagina la sensación del escalón bajo tus pies. Cuando estés en el quinto escalón, imagina y siente la frescura agradable del agua acariciando tus pies y dite que estás entrando en un oasis de pureza y limpieza. Al comenzar a descender los últimos cinco escalones, comenzarás a sentir que el agua te cubre cada vez más el cuerpo. Cuando estés sumergido del todo, es el momento de empezar a nadar suavemente. Es posible que, llegados a este punto, al tener el cuerpo tan adormecido, notes que tu corazón se dispara un poco. No trates de ignorarlo; acéptalo e imagina que los posibles miedos y recelos que aún cargues contigo se escapan flotando en esa misma agua.

◆ **Llegados a este punto, ya sumergido en el agua, no deberías sentir mucho, sólo una leve sensación de estar flotando.** Tal vez te parezca que estás girando sobre ti mismo. Cuando hayas alcanzado este estado, es el momento de hacer frente a tus problemas y decidir qué quieres y dónde estás. (Nota: si no experimentas estas sensaciones, debes intentarlo de nuevo. Tómate tu tiempo, parándote en cada paso para analizar lo que tu cuerpo y mente están experimentando.) Empieza a narrar lo que estás haciendo: habla en presente o futuro y en voz alta, como si lo estuvieras leyendo de un libro. Visualiza tres cajas bajo el agua, cajas a las que tienes que llegar. Una vez que hayas encontrado las cajas, ábrelas lentamente, una a una, y cuéntate a ti mismo qué pasa cuando abres la caja. Por ejemplo: «Al abrir la caja, siento que una luz radiante me cubre, siento que se convierte en parte de mí» y luego procede con la siguiente caja. Debes evitar usar oraciones con connotaciones negativas, tipo: «No quiero sentirme cansado o irritado». En lugar de eso, afirma: «Me estoy sintiendo calmado y relajado». O algunos ejemplos de afirmaciones positivas: «Soy fuerte y esbelto», «soy positivo y tengo éxito». Y si, por ejemplo, empiezas a sentir alguna molestia, puedes decirte a ti mismo: «Mi espalda está completamente relajada».

◆ **Repítete tus afirmaciones tantas veces como desees.**
Con dos o tres veces suele bastar.

◆ **Una vez que estés satisfecho con lo que has hecho y
aceptado, nada de nuevo hacia la escalera.** Cuando llegues a ella, empieza a subir, sintiendo con cada paso que el
agua te va abandonando poco a poco hasta que llegas al
quinto escalón. Cuando des un paso más y estés en el sexto,
ya no notarás el agua. Llegados a este punto, es posible que
tu cuerpo empiece a sentirse pesado, como si de golpe estuvieras cargando algo a la altura del pecho. Si eso ocurre, quédate en ese escalón hasta que la sensación pase, y para ello
repítete de nuevo tus afirmaciones. Cuando la molestia haya
desaparecido, sigue subiendo la escalera y visualizando cada
número encima de su escalón. Concéntrate en los escalones
bajo tus pies y en querer llegar arriba.

◆ **Cuando hayas llegado arriba, espera un poco antes de
abrir los ojos.** También puedes visualizar que abres una
puerta hacia el mundo exterior. Hazlo lentamente e imagina
la luz que entra por la puerta. Esto debería hacer que se te
abrieran los ojos. Tómate tu tiempo antes de levantarte. Y
después di en voz alta: «Estoy totalmente despierto. Totalmente despierto» o piensa en algo que solías decir cuando te
despertaban de pequeño. Eso pondrá tu mente en un estado
consciente. Y cuanto más practiques, más fácil será para tu
cerebro identificar esta señal.

Sabías que...

El doctor Joseph DeLee, conocido como el padre de la obstetricia moderna, decía que la autohipnosis es el único método de anestesia completamente libre de riesgos para la madre. Incluso había diseñado diversas técnicas para ayudar a las mujeres durante el parto. Entre ellas destacan:

- Guante de anestesia: concentrarse en adormecer una mano para luego colocarla sobre una región con dolor para calmarla.
- Distorsión temporal: alterar la percepción del tiempo para que los momentos de dolor parezcan más breves.
- Transformación imaginativa: pensar en el dolor como algo no perjudicial y perfectamente aceptable que no causa daño.

2
Autosugestión

«Todos los días, desde todos los puntos de vista,
estoy mejor y mejor.»

ÉMILE COUÉ (1857-1926)

Antes de partir

Imagina una larga pasarela de acero. Mide diez metros de largo por veinticinco de ancho. Permanece abierta por ambos lados, pero con esas dimensiones resulta extremadamente sencillo y seguro cruzarla de un extremo a otro. Ahora imagina que esa pasarela se encuentra entre dos edificios a cientos de metros sobre el suelo. Tiene las mismas medidas, sigue estando abierta por los laterales, pero al intentar cruzarla sientes miedo y te tiemblan las piernas. ¿Y si te caes? ¿Y si no está bien anclada a los extremos? ¿Y si sopla una ráfaga de viento y te arrastra al vacío?

Según Émile Coué, psicólogo francés que en el siglo XIX fue el primero en utilizar el concepto de la autosugestión, en el primer caso te imaginas que es fácil ir hasta el otro extremo. Mientras que en el segundo te imaginas que no puedes conseguirlo y eso te imposibilita hacerlo. La imagen se transforma inmediatamente en acto, una imagen inconsciente que resulta mucho más efectiva y poderosa que la intensidad de cualquier esfuerzo. La imaginación domina absolutamente sobre la voluntad.

Un poco de historia

Émile Coué empezó su carrera profesional trabajando de apotecario en Troyes, Francia, en 1882. Y al poco tiempo descubrió lo que más adelante se conocería como el «efecto placebo». Coué se dio cuenta de que, en ciertos casos, si él alababa los beneficios de una medicina, ésta daba mejores resultados que cuando no decía nada. Intrigado, empezó a investigar con la hipnosis y el poder de la imaginación. Después de recibir adiestramiento en hipnosis, Coué llegó a la siguiente conclusión: no se puede hipnotizar a la gente contra su voluntad. Además, los efectos de la hipnosis solían desaparecer en cuanto el paciente se despertaba. Eso fue lo que lo llevó a diseñar el método Coué de autosugestión consciente.

La autosugestión es una efectiva herramienta que permite dominar la imaginación y reconducirla para conseguir que sintonice con tu voluntad. Según afirma Coué, «cuando logramos que voluntad e imaginación estén de acuerdo, la una no se añade a la otra, sino que la una se multiplica por la otra».

El principio de este método se basa en dos pasos esenciales que no puedes saltarte en ningún caso. Por una parte, es importante focalizar el pensamiento en una única cosa. Esa primera idea que ocupa tu pensamiento es la que acabará cumpliéndose, es la que tiene más posibilidades de convertirse en acto. Por otra parte, es preciso proceder siempre de la misma forma y pronunciar las mismas palabras con algunas variantes, según cada caso.

Ahí va un sencillo ejemplo para entender mejor el poder de la autosugestión. Imagina que estás en paro y quieres encontrar empleo. Ante el reto que tienes por delante empieza formulándote esta pregunta: «¿Es posible conseguirlo?» Si la respuesta es «no», no merece la pena que sigas intentándolo, porque cualquier esfuerzo por alcanzar el objetivo será inútil. En cambio, si la respuesta a la pregunta es «sí», enseguida debes apoyar la certeza repitiendo mentalmente: «Es fácil» y evitar expresiones autobloqueantes como «difícil», «imposible», «me supera», «no puedo», etc. Si el reto en cuestión es muy complicado, bastará con repetir las palabras de autoconvencimiento con mayor frecuencia e intensidad.

No dudes en emplear este procedimiento durante veinte, cincuenta, cien o doscientas veces al día. Imagina que los pensamientos negativos son como un insecto que se empeña en revolotear cerca del oído. Cada vez que lo hace, agitas la mano para alejarlo, ¿no es cierto? Pues de eso se trata, de espantar los malos pensamientos cada vez que hagan acto de presencia y cuantas veces sea necesario.

Coué aconseja practicar la autosugestión durante toda la vida. Concretamente, nos invita a repetir, de manera constante y como si de un mantra se tratara, una frase general que contiene todo el poder de la autosugestión consciente y que encierra en sí misma todas las fórmulas particulares que cada persona cree necesarias para sí mismo.

La frase en cuestión dice así: «Todos los días, desde todos los puntos de vista, estoy mejor y mejor».

Repitiendo esta afirmación de forma mecánica y sin pensar en ella o en su significado, su mensaje irá penetrando poco a poco en tu inconsciente.

Advertencia

De igual modo que la autosugestión es una poderosa herramienta para hacer realidad tus sueños y anhelos, también puede convertirse en una pesada losa. Muchas personas, inconscientemente, utilizan este método para conseguir justo lo contrario de lo que desean. De forma incomprensible pero perseverante se repiten: «Todos los días, desde todos los puntos de vista, estoy peor y peor», el inconsciente se empapa de esa certeza y acaba cumpliendo esa afirmación.

Parece imposible, pero esta es una realidad más común de lo que parece. Seguro que te suenan expresiones como: «Yo es que soy un negado para la informática» o «a mí los idiomas se me dan fatal». Comentarios que parecen completamente inocentes pero se instalan en nuestro cerebro en forma de bloqueos y nos impiden avanzar.

Es de vital importancia hacer un repaso honesto y ver si hay pensamientos de este tipo que nos rondan la cabeza de vez en cuando. Y cuando los tengas localizados es el momento de enfrentarlos a su contraparte positiva: «Es sólo una máquina con botones» o «el inglés es fácil». Si te repites estas afirmaciones las suficientes veces, se te quedarán grabadas, igual que las tablas de multiplicar se te quedaron grabadas en su momento. Y, cuando estén allí bien plantadas, serán más que pensamientos, serán tu realidad.

El principal objetivo de la autosugestión es conseguir que la propia voluntad intervenga no como un dictador que ordena de forma imperativa, sino como un amistoso guía que acompaña al inconsciente y le ruega de forma amable hacer una u otra cosa. La clave de este método reside en la certeza de que existe una superioridad incuestionable de la imaginación sobre la voluntad.

Itinerario recomendado:
Un paseo por el optimismo

No es fácil ser optimista en los tiempos que corren. Y eso que la mayoría de los expertos en psicología positiva coinciden en afirmar que la mejor receta para hacer frente a esta situación tan desesperanzadora es el optimismo. Pensar en positivo y ver el lado bueno de las cosas nos ayuda a proyectarnos hacia nuestros objetivos y conseguirlos. Aunque se trata de una capacidad innata, es posible desarrollar una serie de actitudes y gestos para entrenar el grado de optimismo frente a la vida. Como por ejemplo:

- Mantener relaciones sociales y no aislarse. Compartir actividades con los demás retroalimenta.
- No obsesionarse con uno mismo y buscar modelos que sean afines a lo que uno desea. Por ejemplo, fijarse en las personas que consiguen empleo en lugar de aquellas que siguen en el paro.
- Aceptar la realidad y, por muy dura que sea, proponerse darle la vuelta.
- Ser valiente y no tener miedo a equivocarse cuantas veces hagan falta.
- Disfrutar de los pequeños placeres de la vida por muy insignificantes que sean.

Actividades y ejercicios

El método de autosugestión consciente puede ayudarte a dominar la voluntad a través de la imaginación. Practicarlo es muy sencillo. La clave de su éxito reside en la constancia y la perseverancia. Sé paciente y tómatelo en serio. Cuando lo pongas en práctica, hazlo con la certeza de que estás realizando algo útil y provechoso para ti. Sólo debes seguir dos simples pasos:

1. Cada mañana, al levantarte, y antes de ocupar la mente en cualquier otro pensamiento, respira hondo, concéntrate y repite veinte veces en voz alta: «Todos los días, desde todos los puntos de vista, estoy mejor y mejor». Aunque también puedes usar afirmaciones más personales o más específicas. Busca una frase que te suene honesta y adecuada para ti.

2. Al acostarte, por la noche, repite de nuevo la afirmación otras veinte veces, con convicción pero sin esfuerzo excesivo, de forma natural. Puedes respirar hondo tras cada declaración. Así, para cuando termines, estarás totalmente calmado y te resultará muy fácil dormirte.

Ya verás cómo, poco a poco, el inconsciente acaba teniendo la absoluta certeza de que ese mensaje es el único y realmente cierto, alejando de tu mente pensamientos y actitudes pesimistas y bloqueantes.

Curiosidades: las tres leyes de la sugestión

Según Coué, en un conflicto entre la imaginación y la voluntad de una persona, siempre vence la imaginación sin excepción. Para fundamentar su teoría, creó las tres célebres leyes de la sugestión:

- **Ley de la Atención Sostenida.** Basta con que una persona concentre toda su atención en una idea o pensamiento para que éste tienda a manifestarse de forma espontánea, a transformarse en acto.

- **Ley del Esfuerzo Invertido.** Si una persona está convencida de que no puede hacer algo y, a pesar de todo, lo intenta, cuanto más se esfuerce en conseguirlo, menos podrá hacerlo. Seguramente, te ha ocurrido en alguna ocasión que eres incapaz de recordar el nombre de una persona. Por mucho que lo intentas, no hay manera. Curiosamente, sólo cuando dejas de intentarlo y te das por vencido, como por arte de magia y en el momento más insospechado, brota el nombre desde las profundidades de tu inconsciente.

- **Ley del Afecto Dominante.** Una sugestión será más efectiva si se asocia a una emoción. El poder de las emociones siempre es infinitamente superior al de cualquier idea o pensamiento.

3
Sueños lúcidos

«Los sueños interpretados no son importantes.
Los importantes son los lúcidos: cuando eres
y te haces consciente de lo que estás soñando.»

ALEJANDRO JODOROWSKY (1929)

Un poco de historia

El mundo de los sueños es el universo idóneo para sumergirse en el descubrimiento del verdadero yo. Pero ¿cómo darte cuenta de lo que allí ocurre si nada más despertar ya no recuerdas lo que has soñado?

Es posible ser consciente de lo inconsciente y aportar luz al laberinto onírico a través de lo que se conoce como «sueño lúcido». Usado por primera vez en 1876 por el escritor y sinólogo francés León d'Hervey en su obra *Los sueños y cómo controlarlos*, hace referencia al tipo de sueño en que la persona es consciente de que está durmiendo y que al mismo tiempo está experimentando alguna actividad. Sin embargo, el concepto de control sobre los estados oníricos ya se menciona en textos budistas que datan del siglo VII.

Según el psicólogo de la Gestalt, Paul Tholey, en un sueño lúcido la persona que sueña percibe que se encuentra soñando, cuenta con su libre albedrío y con sus capacidades normales de raciocinio. Además, la percepción de sus cinco sentidos es comparable al de la vigilia, y cuando despierta recuerda su sueño con claridad y es capaz de interpretarlo mediante el mismo episodio onírico.

Quienes lo experimentan pueden ejercer su voluntad acerca de lo que sucede en el sueño, algo que es posible conseguir mediante la concentración, la práctica y la atención necesaria.

Cómo llegar

Vivir los sueños como si estuvieras despierto suele suceder durante la fase del sueño paradójico o fase REM (siglas de *Rapid Eyes Movement*, porque es la fase en que los ojos se mueven rápidamente). En este momento estás muy relajado aunque es relativamente fácil despertarse. Al experimentar este tipo de sueños, la persona atraviesa diferentes niveles de lucidez.

- El primer nivel se conoce como «estado prelúcido», en el que empiezas a sentir que algo le está ocurriendo a la *realidad* pero no eres totalmente consciente de lo que es.

- Si no despiertas, penetras en la siguiente fase, caracterizada por la existencia de un nivel bajo de lucidez. Aquí te percatas de que estás soñando, pero el propio sueño te absorbe porque todavía eres incapaz de estar consciente.

- Si sigues durmiendo, las percepciones empiezan a mostrarse con mayor claridad, y la lucidez te permite interactuar a voluntad con el entorno y las personas que aparecen sin perder la conciencia de que te encuentras en un sueño.

◆ A este último nivel llegan pocas personas, ya que la mayoría de ellas se despiertan al darse cuenta de que sólo están soñando. Si consigues llegar a este estadio, serás capaz de participar activamente en tus sueños, tomar decisiones sobre su desarrollo e incluso influir en sus resultados sin despertar.

Actividades: Cómo experimentar sueños lúcidos

Alcanzar el grado más profundo de lucidez durante los sueños es posible. Para ello, es necesario seguir una serie de pasos:

◆ **Chequeo de la realidad.** El primer paso para manipular los sueños a voluntad es aprender a ser consciente de que efectivamente estás soñando. Esto puedes conseguirlo mediante la técnica denominada «chequeo de la realidad». Consiste en preguntarse a lo largo del día: «¿Estoy soñando?» Y a continuación comprobarlo. Suena extraño, porque mientras estás despierto es evidente que no estás soñando. Pero si te haces esta pregunta con frecuencia durante las horas de vigilia, conseguirás hacerlo de forma inconsciente también mientras duermes y así comprobar que efectivamente estás soñando.

◆ **Sueño lúcido inducido en vigilia.** Esta estrategia se aplica justo antes de irse a dormir y consiste en relajarse profundamente tensando y destensando diferentes partes del cuerpo mientras respiras pausadamente y visualizas un paisaje agradable. Concentrándote intensamente en las imágenes que vayan apareciendo, el próximo paso consiste en ir transformándolas en escenas completas. De esta manera, irás entrando en el universo onírico siendo plenamente consciente de ello. Finalmente, puedes contar hasta cien y al final preguntarte: «¿Estoy soñando?» y verificar si realmente es así o no. Si todavía no estás soñando, puedes repetir el conteo hasta conseguirlo.

♦ **Recordar los sueños.** Escurridizos y efímeros, no resulta sencillo tener una imagen clara de lo que hemos soñado. Para conseguirlo hay varias técnicas. Una de las más efectivas consiste en programar una alarma al cabo de dos o tres horas después de acostarte. A esas alturas de la noche, seguramente estarás experimentando algún sueño en plena fase REM. Al despertar es importante disponer de un bloc y un bolígrafo en la mesita de noche para apuntar rápidamente un breve esbozo del sueño. Si no quieres interrumpir tu descanso, otra técnica efectiva consiste en esperar a despertar y permanecer unos minutos tranquilo y con los ojos cerrados antes de levantarte. Es un excelente momento para sumergirse en los sueños que has experimentado durante la noche y anotar todos aquellos detalles que más tarde te ayudarán a describirlos de forma más detenida.

Itinerario alternativo: El sueño incubado

No hay que confundir el sueño lúcido con el sueño incubado. Este último es una técnica creada por la psicóloga estadounidense Gayle Delaney y consiste en elegir un tema y escribir unas líneas acerca del mismo. Debes hacerlo justo antes de acostarte e incluir los sentimientos, así como las contradicciones y dudas que te produce la cuestión, para terminar formulando una pregunta o frase que resuma la petición que quieres hacer a tus sueños. Cuanto más simple sea, más fácil te resultará concentrarte en ella hasta quedarte completamente dormido. Es importante no ver la televisión, escuchar la radio o leer un libro antes de acostarte para no distraer al cerebro con otros pensamientos.

Para dar con la respuesta a tu pregunta, tienes la opción de despertarte durante la fase REM o esperar a levantarte para anotar enseguida los detalles del sueño. Puede que no consigas dar con la respuesta enseguida, pero si realizas esta técnica durante varias noches consecutivas, es probable que finalmente surja de los sueños aquella clave, aquella frase, aquella imagen que dé luz a tus dudas y preocupaciones.

Mitos y leyendas: consulta con la almohada

Recordar un sueño puede llegar a ser algo muy provechoso. Es el caso del químico Friedrich August Kekulé, que, mientras dormía plácidamente frente a la chimenea de casa, soñó con una serie de átomos y moléculas que se unían entre sí formando cadenas que se retorcían como si de una serpiente mordiéndose la cola se tratara. Aquel sueño ayudó a Kekulé a dar con la solución que andaba buscando hacía tiempo acerca de la estructura química del benceno.

Otro sueño revelador permitió a Dmitri Mendeléyev crear la tabla periódica de los elementos, o al médico Otto Loewi acabar ganando el premio Nobel de Medicina por su trabajo con la neurociencia. Mary Shelley soñó con Frankenstein antes de convertirlo en protagonista de su célebre novela de terror gótico, al igual que ocurrió con Robert Louis Stevenson con *El extraño caso del Doctor Jekyll y el señor Hyde*. El líder pacifista Gandhi también explicaba que la inspiración para iniciar su protesta pacífica a favor de la independencia de su país se gestó en parajes oníricos.

Recursos útiles

Cómo calcular la fase REM

La fase de sueño REM acostumbra a durar entre cinco y cuarenta y cinco minutos, y se repite cada noventa minutos mientras permanecemos dormidos. Es decir, durante un periodo de ocho horas durmiendo, atravesamos hasta cinco fases de sueño REM. Así que, para experimentar un sueño consciente, lo mejor es configurar la alarma en múltiplos de noventa minutos y hacia la parte final del periodo de sueño, o sea, a las cuatro y media, a la seis y a las siete y media de la mañana.

Un buen aliado

Existe una aplicación gratuita para el iPhone que puede resultar útil a la hora de influir en los sueños. Desarrollada por el psicólogo británico Richard Wiseman, profesor en la Universidad de Hertfordshire de Reino Unido, *Dream: ON* permite programar diferentes alarmas que sonarán cuando el sensor de movimiento que incorpora capte que estás saliendo de la fase REM del sueño, momento en que resulta más fácil recordar lo que estamos soñando. Además, incorpora varios sonidos para influir en el contenido de nuestros sueños. Otras aplicaciones parecidas que puedes descargar para experimentar sueños lúcidos con la ayuda del smartphone son *Lucid Dream*, *Dreamz* y *Brainwave*.

Danny DeVito,
maestro de los sueños lúcidos

En la película *La chica de mis sueños*, escrita y dirigida por Jake Paltrow, el hermano de Gwyneth Paltrow, Danny DeVito interpreta a un experto en sueños lúcidos que da clases al protagonista sobre cómo controlar sus sueños. La película no es espectacular, pero las escenas de DeVito valen mucho la pena, especialmente una de ellas en la que explica cómo usar las manos cómo anclaje entre los sueños y la vigilia.

4

Autoscopia

«Y vivía sin saberlo esa doble vida misteriosa
que nos hace pensar que hay en nosotros dos seres...»

EL HORLA, GUY DE MAUPASSANT

Antes de partir

Eres lo que piensas que eres. Y, en el preciso instante que lo haces, esa capacidad de autoconciencia ya empieza a distorsionar la realidad de tu propia identidad. Durante toda tu existencia has interiorizado una serie de vivencias, experiencias, conductas, emociones... que han ido cincelando la imagen que tienes de ti mismo. Una imagen que difiere completamente de la que tienen de ti el resto de las personas. Y es que, según lo que digas o hagas a cada momento, generarás en los demás percepciones muy contrastadas. ¿Quién eres entonces? ¿La persona que piensas que eres o la persona que piensan los demás que eres? ¿Qué ocurriría si pudieras percibirte a ti mismo como un doble? ¿Te gustarías?

En general, nuestra mirada interna sintoniza con nuestra mirada externa. Aunque no siempre es así. Un ejemplo sencillo de este desajuste ocurre cuando escuchas tu propia voz en una grabación. La mayoría de las veces no reconoces ese sonido como propio, tu voz te resulta extraña, como si perteneciera a otra persona. En cambio, cuando te miras al espejo, sí que te cuadra lo que ves. Pero ¿y si haces lo mismo en una sala rodeada de espejos? Seguramente, el reflejo de tu espalda o de tu perfil también te resultará extraño.

Un poco de historia

Imagina que, al mirarte al espejo, la imagen que ves reflejada atraviesa el cristal y cobra vida propia. Ese desdoblamiento de la persona se conoce como «autoscopia», un curioso fenómeno que ya aparece documentado en la antigüedad. En su obra *Meteorológica*, el pensador griego Aristóteles narra la historia de un hombre que cada vez que sale a pasear contempla su propia imagen caminando hacia él. Una experiencia que también se encuentra en la mitología de la muerte y la resurrección de determinadas tribus asiáticas y entre los aborígenes australianos.

Los autores románticos del siglo XIX también mostraron un gran interés por este curioso fenómeno. Existen claras descripciones de autoscopia en las obras de Jean Paul Richter (*Hesperus*), Gabriele d'Annunzio (*Notturno*) y Oscar Wilde (*El retrato de Dorian Gray*), Guy de Maupassant (*El Horla*), Edgar Allan Poe (*William Wilson*) y Fiódor Dostoievski (*El doble*). Otros escritores, como Alfred de Musset, Robert Stevenson, Gérard de Nerval o James Hogg también experimentaron alteraciones visuales de este tipo.

Itinerarios recomendados

La experiencia de verse físicamente desdoblado no siempre es igual. En general, se distinguen varios tipos diferentes de fenómenos autoscópicos:

◆ **Sensación de presencia.** En este caso, la persona que experimenta autoscopia siente que alguien está presente pero no acaba de reconocer la identidad de dicha presencia. Conocida también como «conciencia próxima falsa», los expertos describen este fenómeno como una vivencia parecida a la del síndrome del miembro fantasma, es decir: la percepción de sensaciones de que un miembro amputado todavía está conectado al cuerpo.

◆ **Heautoscopia o doble fantasma visual.** En este caso, se percibe la presencia de un doble pero de forma nebulosa y transparente. Lo más característico de este fenómeno es la afinidad psicológica con el otro yo, incluso cuando las afinidades físicas no quedan del todo claras. También se conoce como «*Doppelgänger*», vocablo alemán compuesto por los términos «*Doppel*» (doble) y «*Gänger*» (andante).

◆ **Alucinación autoscópica.** Es la autoscopia propiamente dicha o visualización del doble desde el propio cuerpo.

◆ **Pseudoautoscopia.** Conocida también como «experiencia extracorporal», consiste en la percepción de uno mismo desde el exterior. A diferencia del resto de los fenómenos de desdoblamiento, en este caso la persona ve a su doble fuera de los límites corporales y en otro punto espacial.

◆ **Heautoscopia interna.** En este caso, la persona es capaz de observar sus propios órganos internos en el espacio extracorporal.

Paso a paso

La persona que vivencia un episodio de autoscopia acostumbra a experimentar tres fases:

◆ **Primera fase:** la persona empieza teniendo la sensación de salir de su propio cuerpo, fenómeno que se conoce como «desencarnación».

◆ **Segunda fase:** a continuación, es abordada por una experiencia extracorporal en la que cree ver el entorno desde otra perspectiva, generalmente elevada.

◆ **Tercera fase:** el proceso culmina cuando la persona se observa a sí misma situada en ese punto elevado desde el que mira su entorno.

Advertencia

A diferencia del resto de las prácticas y metodologías expuestas en estas páginas, la autoscopia no es una técnica en sí, sino un posible resultado. Es decir, la práctica de técnicas como la autosugestión, la meditación profunda o la autohipnosis es lo que puede llevar a la persona a experimentar el fenómeno de la autoscopia. En determinados casos de sueño lúcido también se puede llegar a visualizar la presencia del propio yo más allá de los límites corporales. Este tipo de alucinación visual puede ser breve o persistente, según la intensidad del método utilizado para llegar a experimentarla. Y, a pesar de que puede resultar chocante para la persona que la experimenta, los estudios demuestran que no es, en ningún caso, dañina.

Testimonios y opiniones

Hay innumerables testimonios sobre experiencias autoscópicas. Con tu permiso, me gustaría compartir algunas: las mías propias. De hecho, fueron estas experiencias las que me llevaron a investigar y me condujeron hasta la autoscopia.

La primera vez me hallaba en un estado de duermevela. Lo recuerdo como si fuera ayer. Era un caluroso día de verano y yo me encontraba tumbada boca abajo tomando el sol. Tenía los ojos cerrados y los brazos cruzados haciendo de almohada. El sol no estaba en su punto más álgido, así que, aunque notaba cómo calentaba mi espalda y mis piernas, la sensación era agradable. Estaba en ese estado en el que uno está a punto de quedarse dormido.

Y entonces sentí algo. De hecho, sentí a alguien. Alguien estaba conmigo en aquella terraza. A unos pasos de mí. Una parte de mí quiso abrir los ojos, pero otra, extrañamente más poderosa, me hizo mantenerlos cerrados. La presencia se hizo más clara, y noté que se acercaba. Era como si el aire a mi alrededor se estuviera moviendo. Pero, sorprendentemente, no me asusté en absoluto. De hecho, fue todo lo contrario, me invadió una sensación de calma inaudita. Así que me quedé completamente quieta, expectante. La presencia se paseó por mi lado, y luego la noté flotando junto a mí. Pasado un rato —honestamente no podría decir cuánto— empezó a alejarse hasta que, finalmente, me quedé sola de nuevo, completamente en paz.

Horas después, recordando la experiencia, me puse un poco nerviosa, y, como era todavía bastante joven, empecé a elucubrar teorías sobre espíritus y fantasmas. Hasta que me aburrí.

Pero ésa fue sólo la primera vez. Desde entonces he tenido diversas experiencias similares. En mi caso, siempre se dan en momentos de mucha relajación, a punto de dormirme o recién despertada, lo cual tiene mucho sentido porque mi conciencia no está del todo despierta y es más sensible. El 90% de mis experiencias autoscópicas son sensaciones de presencias, aunque también he vivido un par de autoscopias auditivas.

La primera vez que tuve una autoscopia auditiva estaba, creo recordar, en tercero de la universidad. Era esa terrible semana antes de los exámenes finales y yo estaba completamente estresada. Había una asignatura que me tenía amargada y, para más inri, me faltaban apuntes. Llevaba horas releyendo mis garabatos cuando decidí rendirme e irme a dormir. Pero, obviamente, estaba tan nerviosa que, a pesar de estar agotada, no conseguía una postura cómoda y no dejaba de dar vueltas sobre el colchón, taparme, destaparme, ahuecar mi almohada. Finalmente, me encontré cómoda en posición fetal, con todo mi cuerpo recogido. Empecé a respirar con calma y cerré los ojos del todo. Y entonces sucedió, noté la presencia. Estaba en mi habitación, flotando, pero, a diferencia de otras veces, no se acercó a mí, se quedó a unos pasos de mí. Estuvo así unos minutos, y entonces lo oí: «Azul. Azul. Azul. La azul. La azul».

La voz me resultó conocida pero extraña al mismo tiempo. Era una voz de mujer y susurraba. Dijo lo mismo unas cuantas veces y después desapareció. Yo seguí con los ojos cerrados y dejé que la calma me durmiera. Me dormí y, al cabo de unos minutos, me desperté de un salto. Encendí la luz de la mesilla y me lancé hacia las estanterías. En la de abajo tenía mi colección de carpetas y libros viejos, entre ellos, una carpeta azul. Carpeta en la que había guardado, aunque fui incapaz de recordar cuándo, los apuntes que me faltaban.

Por cierto, aprobé justito pero aprobé.

5
Meditación Samadhi

«La meditación es un salto: de la cabeza al corazón, y al final
del corazón al ser. Tú irás yendo profundo y más profundo,
donde los cálculos tendrán que ser dejados atrás,
donde toda la lógica se vuelve irrelevante.»

Osho (1931-1990)

Antes de partir

Si estás ligeramente iniciado en la religión budista, sabrás que
los *sutras* son uno de sus pilares fundamentales. El término proviene del sánscrito «*sūtra*», que significa «cuerda» y hace referencia al conjunto de preceptos de esta doctrina estructurados
en aforismos o máximas acompañados de comentarios explicativos. Uno de estos textos sagrados afirma que «a base de ganar
control sobre la mente y sus modificaciones, un ser humano
puede alcanzar el mayor estado de sabiduría o *samadhi*».

Según los antiguos *Upanishads*, libros sagrados hinduistas,
se trata del estado de conciencia más elevado que existe, una
sensación constante de quietud absoluta sin importar las perturbaciones que se sufran. Es un estado de trance tan profundo
que, al alcanzarlo, la mente mantiene plena conciencia pero se
disocia del cuerpo, que deja de sentir.

Existen varias traducciones del término sánscrito «*samadhi*», aunque las más aceptadas son «recogimiento», «absorción meditativa» o «trance profundo».

Según el maestro zen Daisetz Teitaro Suzuki, existen dos tipos de *samadhi*: el positivo y el absoluto. El primero se produce cuando la persona que medita está enfrascada por completo en la actividad pero en ella todavía persiste la conciencia del yo. Por otra parte, el absoluto se da cuando el individuo se hace con la meditación y pierde toda conciencia del yo.

Según el hinduismo, al alcanzar el *samadhi*, la persona está en condiciones de entender e integrar lo que se llama «mente total», compuesta por el consciente, el inconsciente y el supraconsciente, que se sitúa por encima de la conciencia ordinaria. A medida que se profundiza y se logra desarrollar el estado de *samadhi*, se consigue que éste permanezca en cualquier acto de la vida cotidiana. Tal y como expresa el siguiente relato zen del maestro Sogyal Rimpoché:

El discípulo le pregunta al maestro:

—Maestro, ¿cómo se lleva la iluminación a la acción? ¿Cómo se practica el *samadhi* en la vida cotidiana?

—Comiendo y durmiendo —responde el maestro.

—Pero, maestro, todo el mundo come y todo el mundo duerme.

—Pero no todos comen cuando comen, ni todos duermen cuando duermen.

De aquí el proverbio zen «cuando como, como; cuando duermo, duermo».

Un poco de historia

El *samadhi*, como hemos visto, tiene diversas traducciones. Esto no es de extrañar, ya que *samadhi* significa cosas distintas dependiendo de la religión o tradición en la que nos basemos.

- **Hinduismo.** El *samadhi* es un estado en el que uno es consciente de su propia existencia sin pensar. Es un estado total del ser que se caracteriza por grandes sensaciones de dicha y alegría. El gran gurú y filósofo Nisargadatta Maharaj lo define así: «Cuando dices que te sientas a meditar, lo primero que hay que hacer es entender que se trata de una experiencia más allá del cuerpo. Es la conciencia que se sienta a meditar y medita sobre sí misma. Cuando esta presencia consciente se funde consigo misma, sobreviene el estado de *samadhi*».

- **Budismo.** El *samadhi* es la tercera división del entrenamiento budista, que suele traducirse como «mente» y es la última etapa, detrás de *pañña* (sabiduría) y *sīla* (conducta ética). Dentro del *samadhi* se distinguen distintos estados o *jhānas,* cada uno de los cuales centra el poder de la mente en una función distinta. Por ejemplo, un estado de alerta amplificado, la visión y auténtica comprensión de acontecimientos que nos suceden. Todo esto lleva, finalmente, a la liberación final o el control absoluto sobre la propia conciencia.

- **Sijismo.** El sijismo, la novena religión del mundo, surgió en la India como resultado del conflicto entre las doctrinas islamistas e hinduistas. En el sijismo, el *samadhi* es la comunión con Dios cuando se está en un estado de concentración muy elevado. Así lo explica el gurú sij Granth Sahib: «Recuerda a Waheguru (Dios) en la meditación, a cada momento y a cada instante, meditar con Dios en la paz celestial del *samadhi*».

◆ **Yoga.** Alcanzar el *samadhi* es el objetivo definitivo del yoga meditativo. Y ese objetivo es llegar a *saber a través del ser*. Una manera más clara de explicarlo es mediante una comparación: el *samadhi* es para el pensamiento normal lo que un láser es a una luz artificial. La luz es difusa mientras que un rayo láser está altamente concentrado. El láser, además, posee una potencia de la que la luz corriente carece. Pues así es el *samadhi*, la mente en su mayor grado de concentración. Cuando la mente se encuentra en *samadhi*, tiene poderes que le faltan en su estado corriente. Y esos poderes se pueden usar para conseguir iluminación y revelar la verdadera esencia de las cosas.

Independientemente de la definición que se dé, el *samadhi* siempre representa un estado de concentración superior. Estado que, sea cual sea tu religión, sólo puedes alcanzar con meditación.

Cómo llegar

La clave de la meditación *samadhi* es llegar a la iluminación gracias a tener toda la mente concentrada en un único pensamiento. Para ello, es vital vaciar la mente de todo lo demás. «Dejar la mente en blanco» suena tremendamente fácil pero es, de hecho, una de las prácticas más complicadas de la meditación. Sin embargo, conseguir mantener la mente sosegada y libre de pensamientos, preocupaciones o emociones es el primer paso hacia al *samadhi*.

Hay una gran diversidad de técnicas que buscan este objetivo. Por ejemplo, los hinduistas centran su mirada fijamente en un mandala. Otra de ellas es una técnica zen que consiste en provocar un profundo estado de concentración mediante la autoformulación de varios *koan*, preguntas sin solución lógica aparente, cuyo principal propósito es desconcertar el pensamiento discursivo lógico-racional. Preguntas como «¿quién soy?», «¿cómo era antes de nacer?» o «¿qué es la muerte?» ayudan a aumentar el propio nivel de conciencia y trascender más allá de las palabras.

Tras varios *koan*, la mente poco a poco se agota, silencia su actividad y está lista para adentrarse en el estado de *samadhi*. La clave está en romper la identificación que se hace entre cada pensamiento y la percepción del mismo. Sólo así se consigue liberar la mente para que pueda comprender cualquier acontecimiento que antes sufría de constantes interferencias.

Los maestros zen hacen especial hincapié en cómo poner en práctica esta técnica. La postura es clave. Durante toda la sesión hay que mantener la posición del loto. Uno debe sentarse en el suelo o sobre una alfombra o esterilla con las piernas cruzadas y los pies bajo los muslos.

Si se es muy flexible, es preferible colocar los pies cruzados encima del gemelo contrario. La espalda debe estar bien recta y los brazos en reposo, con las palmas de las manos hacia arriba apoyando las muñecas suavemente sobre las rodillas. En esta postura, el cuerpo está en continua tensión y hay que mantenerse concentrado para no perderla, y eso disminuye la aparición de pensamientos e ideas.

Destino final: El noble camino

El nirvana es la experiencia religiosa más identificada con el budismo. En la lengua tibetana significa «más allá del sufrimiento», e indica precisamente el estado de trascendencia en que la persona se libera del sufrimiento, o *dukkha*, y alcanza un nivel de felicidad suprema.

Para llegar al nirvana, la enseñanza budista enumera hasta ocho elementos que deben ser experimentados de forma silmultánea a lo largo de la vida. Éstos forman parte del llamado «Noble Sendero Óctuple» y son: el Recto Entendimiento, el Recto Pensamiento, el Recto Lenguaje, la Recta Acción, el Recto Medio de Vida, el Recto Esfuerzo, la Recta Atención y la Recta Concentración.

6

Meditación Vipassana

«Qué largo es mi viaje y qué largo es mi camino.
El viajero tiene que ir golpeando en una y otra puerta extraña
hasta poder llegar a la suya; y ha de andar errante por todos
los mundos externos para alcanzar por fin su santuario más íntimo.»

RABINDRANATH TAGORE (1861-1941)

Antes de partir

Según las enseñanzas budistas, meditar significa cultivar la
mente y el corazón hasta su pleno desarrollo. Pero no consiste
únicamente en sentarse a meditar, sino en conseguir que la
práctica de la atención, o *sati*, esté presente en la vida cotidiana
y en todos sus aspectos (material, espiritual, mental, etc.).

Un poco de historia

Los conceptos que maneja esta milenaria doctrina a menudo
resultan de difícil comprensión para la mente de los occidentales. El camino que lleva al profundo entendimiento del yo interior es largo y requiere de cierta preparación y mucha paciencia.
El *Anapanasati Sutta* y el *Satipatthana Sutta* son los principales

textos en los que Buda describe las técnicas de meditación que le permitieron alcanzar la iluminación. Entre ellas, sendas escrituras destacan especialmente la meditación Vipassana como una efectiva técnica para profundizar en la mente a fin de liberarse de la ignorancia y del sufrimiento mediante el desarrollo de la conciencia y de la sabiduría.

En lengua pali, Vipassana significa «visión clara y penetrante», y su objetivo es lograr la comprensión directa y espontánea de la verdadera naturaleza de las cosas (*dhamma*) y especialmente de las Tres Características Fundamentales de la Existencia (*ti-lakkahana*) en cualquier fenómeno corporal, mental, espiritual, etc. Consideradas como pilares básicos de las enseñanzas budistas, estas tres características son:

+ *Anicca* **o impermanencia.** Este precepto sostiene que todas las cosas son impermanentes y están sujetas al cambio. Puesto que todo está sujeto a la transitoriedad, de nada sirve aferrarse, y hacerlo sólo conduce al sufrimiento.

+ *Dukkha* **o sufrimiento.** Mientras que la impermanencia es la principal enseñanza del budismo, la eliminación o extinción del sufrimiento es su objetivo. En oposición al concepto de *sukha*, o felicidad, *dukkha* también hace referencia a la idea de imperfección, impermanencia, vacuidad, insubstancialidad y conflicto. Según la doctrina budista, el origen de este sufrimiento es el apego y la sed de deseos sensoriales, de existencia y de continuidad. Esta avidez lleva consigo una falsa idea del yo como centro absoluto, una enorme fuerza que impulsa la totalidad de la existencia de las personas y que conlleva todos los males del mundo, desde los insignificantes problemas y preocupaciones personales hasta los grandes conflictos entre naciones.

◆ ***Anatta* o insustancialidad.** Para el budismo, si todo cambia no puede haber una entidad permanente en el ser. El no-yo queda perfectamente reflejado en esta reflexión de Buda: «Vosotros, que sois esclavos del yo, que desde la mañana a la noche os ponéis al servicio del yo, que vivís con el constante terror del nacimiento, de la vejez, de la enfermedad y de la muerte, recibid la buena nueva de que vuestro cruel amo no existe».

Advertencias

Para alcanzar la concentración necesaria durante la meditación, es importante hacer desaparecer todo tipo de actividad mental que impida mantener la atención en el aquí y el ahora. Entre las obstrucciones más habituales, la Asociación Española de Meditación Vipassana destaca:

◆ ***Kilesa.*** Impurezas y pasiones que se manifiestan cuando la atención es capturada por un objeto sensorial o mental (idea, emoción…). Hay tres tipos de *kilesa*: el deseo o avidez (*lobha*), el odio y la negatividad (*dosa*) y los miedos y preocupaciones (*moha*). Estos tres *kilesa* suelen compararse a la figura del tigre, ya que son poco frecuentes pero muy intensos e incluso violentos. Una vez que atrapan la mente, no es fácil deshacerse de ellos.

◆ ***Nivarana.*** Obstáculos o impedimentos que se manifiestan sin necesidad de contacto. En este caso, los *nivarana* se comparan a los mosquitos porque son frecuentes y menos intensos. Entre los principales *nivarana* están el mal humor (*vyapada*), la falta de energía (*thina-middha*), la inquietud (*uddhacca-kukkuca*) y la duda (*vicikicha*).

Liberarse de ellas cuando nos abordan durante la meditación es simple. Basta con observarlas y tomar conciencia de cómo surgen en la mente, permanecen allí por un tiempo y luego desaparecen. En ningún caso hay que reprimirlas o intentar luchar contra ellas. Simplemente, debes dejar que se liberen sin permitir que alteren tu meditación. La clave está en no identificarse con ninguna de esas obstrucciones repitiendo mentalmente: «No eres yo» para así conseguir que fluyan y, finalmente, te abandonen. Eso sí, es fundamental aceptar su presencia; la negación se convierte en un foco de atención que perturba el estado de concentración meditativo.

Actividades: Practicar Vipassana

La meditación Vipassana es un proceso de introspección cuya práctica habitual puede ayudarte a penetrar en las capas más profundas de la conciencia, así como a desarrollar mayores niveles de claridad espiritual. Estos son los pasos que debes seguir:

1. Siéntate sobre un cojín o en una silla con la espalda bien erguida pero relajada. La posición del loto es ideal en este tipo de meditaciones, pero es importante que el cuerpo esté cómodo y sin tensión, así que si esa postura te resulta dolorosa o molesta, puedes cambiarla por otra más cómoda. Por ejemplo, siéntate y cruza sólo los pies.

   Acto seguido, coloca la mano izquierda con la palma mirando hacia arriba y sobre tu regazo y apoya sobre ella la mano derecha con la palma también hacia arriba. Es importante que permanezcas completamente inmóvil durante toda la meditación para poder enfocar toda tu atención en la realidad de tu experiencia.

2. Mantén los ojos y la boca cerrados. Respira por la nariz y concéntrate en las sensaciones del aire entrando y saliendo de tus fosas nasales. Siente el inicio, el transcurso y el final de cada inhalación y exhalación. Y cómo tu caja torácica se expande y contrae ligeramente cada vez. No hace falta que la respiración sea extremadamente profunda. De hecho, es irrelevante si es corta o larga. No te distraigas intentando regularla o controlar que las inhalaciones sean iguales, lo más importante es que seas consciente del viaje que realiza el aire desde tu nariz hasta tus pulmones. Centra la atención en la naturaleza impermanente y cambiante de tu respiración, y acepta estas variaciones como una prueba más de la belleza del cambio de todo lo que está vivo.

3. Cada vez que te sientas abordado por un pensamiento, no te enfrentes a su presencia, no intentes apartarlo, porque para ello primero deberás atraparlo y eso, irremediablemente, te hará centrarte en dicho pensamiento. En vez de eso, deja que fluya como un elemento transitorio más, como si fuera una de esas pequeñas hojas rojizas que el viento de octubre hace flotar por la calle. Cuanto más te concentres en tu propia respiración, más sencillo te resultará regular, controlar, limitar y adiestrar tus pensamientos, preocupaciones, dudas y emociones. Siempre que sientas que un pensamiento se expande en tu mente, vuelve a la respiración, cuenta en tu cabeza, procura sentir todo el viaje del aire o, directamente, visualízalo.

4. Durante la meditación, es importante no identificarse con las sensaciones que te aborden, aunque algunas resulten abrumadoras e incluso te afecten a nivel corporal, por ejemplo, acelerando tu ritmo cardíaco o presionando tu diafrag-

ma. Con estas emociones tienes que hacer lo mismo que con los pensamientos: aceptarlas como elementos pasajeros de tu interior. No siempre resulta fácil, pero, con un poco de práctica, lograrás que sean completamente intrascendentes. Una vez más, simplemente, debes observarlas tal como son; acéptalas como hechos igual que aceptas que el cielo es azul y que el sol sale por el Este. No trates de juzgarlas o analizarlas, no dejes que te lleven al pasado o a la ansiedad del futuro. La clave es tener el cuerpo y la mente en el momento presente.

5. Aunque te hayas sentado en una postura cómoda, es posible que en algún momento del ejercicio sientas dolor o molestias en alguna parte de tu cuerpo. Cuando esto ocurra, debes dirigir tu mente hacia la zona dolorida y concentrarte en lo que sientes. Capta el dolor con atención y siente cómo, se va disipando poco a poco. Cuando el dolor ya no sea agudo, sino una pequeña resonancia que no te perturbe, vuelve de nuevo a la respiración como elemento base de tu meditación.

6. Las sesiones de atención plena deberían durar entre veinte y cuarenta minutos, cuando tengas más práctica. Es importante que empieces por veinte minutos o incluso menos. Tómatelo con calma, no te fuerces. Y, sobre todo, no te rindas si en las primeras sesiones estás plenamente consciente todo el rato. La concentración plena es mucho más difícil de alcanzar de lo que parece.

A efectos prácticos, para calcular el tiempo resulta útil poner una alarma para así no tener que estar pensando en el tiempo y mirando el reloj. Eso sí, cuando suene la alarma, no saltes de golpe y abras los ojos. Un buen truco es situar el reloj más o menos cerca y, cuando suene, alargar con calma la mano derecha y apagarlo, manteniendo los ojos cerrados. Entonces, vuelves a colocar la mano en su sitio, encima de la izquierda, y respiras unos momentos más.

Puedes, entonces, dejar que algún que otro pensamiento ocupe algo de tu atención, para ir devolviéndote a la realidad.

Cuando te sientas preparado, abre los ojos lentamente, quita las manos de tu regazo y desdobla las piernas.

A medida que te vayas sintiendo más cómodo durante la meditación, puedes ir aumentando el tiempo de ésta de manera progresiva.

Sabías que... Cambios a todos los niveles

Durante una sesión de meditación, se alcanza un profundo estado de relajación caracterizado por una serie de modificaciones fisiológicas. Algunas de las más evidentes son la reducción de actividad del sistema nervioso, la disminución del tono muscular, el descenso del consumo metabólico de oxígeno, la vasodilatación periférica, la disminución de la tensión arterial, la liberación cerebral de endorfinas y la disminución de la frecuencia respiratoria, entre otras.

Dichos cambios en el estado del organismo se traducen en una serie de síntomas tanto físicos como psíquicos o mentales. Algunos de ellos son:

- Respiración tranquila, profunda y rítmica.
- Sensación de calor interno y cutáneo.
- Latido cardíaco rítmico y suave.
- Distensión muscular.
- Estado no ordinario de conciencia: focalización/expansión.
- Reducción del nivel de ansiedad.

- Mejoría de la percepción del esquema corporal.
- Afloramiento ocasional de contenidos inconscientes.
- Vivencias integrativas (cuerpo-mente, yo-mundo, etc.).
- Vivencia del *aquí y ahora.*

7

Yoga

«Nuestro cuerpo es el arco, y los asanas,
las flechas para dar en el blanco, el alma.»

Bellur Krishnamachar Sundararaja Iyengar (1918)

Un poco de historia

Según Patanjali, pensador hindú del siglo III a. C., considerado como el precursor del yoga, esta disciplina física y mental originaria de la India es la aptitud para dirigir la mente exclusivamente hacia un objeto y mantener esa dirección sin distracción alguna. Un objeto que puede hallarse tanto en el exterior como en el interior de la persona, y que puede ser algo físico o algo mental o espiritual. De hecho, etimológicamente, la palabra «yoga» proviene del sánscrito «*ioga*», término que a su vez deriva del verbo «*iush*», que significa concentrar la mente, absorberse en meditación, recordar, unir, conectar.

El autor de *Yoga Sutras* sostiene que su práctica favorece la unión del alma individual con la divinidad, así como la percepción de un yo espiritual acompañado de un bienestar físico y mental. «La mente puede alcanzar el estado de yoga por medio de la práctica y el desapego. La práctica es, fundamentalmente, el justo esfuerzo necesario para avanzar hacia el estado de yoga, alcanzarlo y mantenerlo. Sólo si la práctica adecuada se mantiene durante un largo tiempo, sin interrupciones, con las cualidades de celo y actitud positiva, puede ésta triunfar. En el más alto grado hay ausencia total de aspiración a contentar los sentidos o a vivir experiencias extraordinarias. Quien ha alcanzado la plena comprensión de su verdadero ser ya no se verá perturbado por influencias que lo distraigan, tanto en su interior como a su alrededor. Entonces el objeto es gradualmente comprendido de manera plena. Esta comprensión es, al principio, más o menos superficial, pero, con el tiempo, se hace más profunda. Llega un día que es total. Nace una alegría pura como consecuencia de tal profundidad de comprensión que entonces el individuo está tan unido al objeto que pierde conciencia de lo que lo rodea», reflexiona Patanjali.

Itinerario recomendado: Los ocho pasos

Según el pensador hindú, el yoga es la mejor herramienta para eliminar los obstáculos que nos impiden la claridad de percepción. Estos obstáculos son: las comprensiones defectuosas, la confusión de valores, el exceso de apego, las aversiones irracionales y el sentimiento de inseguridad. Acabar con ellos no es fácil, y reducirlos requiere mucha paciencia y una práctica constante. Dicha práctica, según el fundador del yoga, comprende ocho pasos:

1. *Yama.* El primer paso en el camino del yoga es un conjunto de limitaciones y reglas en relación con el mundo exterior que todo yogui debe conocer y practicar. Hay cinco *yamas*: *ahimsa* (no violencia), *satya* (verdad), *asteya* (honestidad), *brahmacharya* (establecerse en la conciencia divina) y *aparigraha* (no codicia).

2. **Niyama.** En este caso, se trata de un conjunto de reglas a seguir pero en relación con el mundo interior. Los cinco *niyama* son: *saucha* (mantener la pureza y la limpieza de la mente y del cuerpo), *samtosha* (mantener la serenidad mental y el contentamiento), *tapas* (aliviar el sufrimiento ajeno mediante el sacrificio personal), *svadhyaya* (estudiar y comprender temas espirituales) e *ishvara pranidhana* (aceptar a la entidad suprema como refugio y meta de la vida).

3. **Asana.** Es el paso más conocido de esta milenaria disciplina, que consiste en un conjunto de posturas que, ejecutadas correctamente, ayudan a estabilizar el cuerpo y la mente, trayendo al practicante al momento presente, libre de la preocupación por el pasado o el futuro. La ejecución de cada *asana* tiene cinco finalidades o funciones: la acción conativa (ejercitar los órganos del cuerpo físico), la acción cognitiva (percibir los resultados de la anterior función), la acción mental, la acción intelectual y la acción espiritual.

4. **Pranayama.** Consiste en la práctica de ejercicios de respiración de forma consciente y deliberada. Comprende la regulación de la expiración, de la inspiración y de la supresión de aire modulando su duración durante un tiempo determinado. Su práctica regular reduce los obstáculos que inhiben la clara percepción y prepara la mente para focalizar la atención durante los ejercicios de meditación.

5. **Pratyahara.** El quinto paso en la práctica del yoga, según Patanjali, consiste en el dominio de los sentidos evitando que éstos establezcan relación con los objetos. La mente se cierra a los estímulos del exterior y se retira de los objetos que, aunque siguen ahí, ya no influyen en los sentidos. Este

estado mental claro y atento, generado por el aislamiento de la conciencia, permite profundizar y conectar estrechamente con el yo interior. Llegar hasta este quinto nivel es relativamente sencillo para la mayoría de los practicantes de yoga. A partir de aquí empiezan los niveles más avanzados que requieren una mayor práctica y preparación.

6. **Dharana.** Consiste en concentrarse profundamente en un solo punto, objeto o idea, y enfocar la mente a través de los cinco sentidos. Cualquier ejercicio de meditación es un intento de llevar nuestra mente hacia el estado de *dharana*.

7. **Dhyana.** Es la capacidad de desarrollar interacciones con aquello que intentamos comprender. Una vez se consigue un estado profundo de concentración, el siguiente paso es convertirse en una única identidad. Este estado de meditación que surge del flujo continuo de concentración hace que el cuerpo, la mente y el ego del yogui se integren en el objeto de su contemplación.

8. **Samadhi.** El proceso del yoga culmina al alcanzar este último estado en el que se da la integración completa con el objeto de nuestra comprensión. Es como si la persona hubiera perdido su propia identidad.

Cómo llegar: ¿Qué yoga practico?

En la actualidad, existen varios métodos de yoga que comparten el objetivo de integrar nuestros tres planos de existencia: el mental, el físico y el espiritual. Según Bellur Krishnamachar Sundararaja Iyengar, fundador del yoga Iyengar, que cuenta con millones de practicantes en todo el mundo, el yoga engloba la disciplina física, sensorial, mental, espiritual e intelectual. «Abarca el organismo del ser humano en su totalidad, desde la piel hasta el sí-mismo y desde el sí-mismo hasta la piel», explica Iyengar en la obra *La esencia del yoga*, de Astadala Yogamala.

Uno de los métodos más difundidos en el mundo es el Hatha yoga. Creado hacia el siglo xv por el yogui Suatmarama, consiste en una serie de posturas corporales, o *asanas*, acompañadas de *pranayamas*, o técnicas de regulación consciente del ritmo respiratorio; *mudras*, o técnicas gestuales de recanalización y dinamización de la energía vital hacia puntos específicos del cuerpo; *bandhas*, o técnicas de contracción en determinadas partes del cuerpo, y *shatkarmas*, o técnicas de purificación y limpieza interna.

La aparición de esta disciplina yóguica física está documentada hacia principios del siglo x y ha sufrido distintas adaptaciones hasta el día de hoy. A través de su práctica, se busca desbloquear el cuerpo físico así como expandir la conciencia.

El yoga es una disciplina que, igual que las artes marciales, tiene muchas escuelas, cada una con su finalidad y metodología propias. Entre las más practicadas destacan:

- **Iyengar.** Se caracteriza por la gran precisión de los *asanas*, así como el uso de distintos elementos como bancos de madera, correas, cojines, etc.

- **Power yoga.** Una versión muy física y exigente de Hatha yoga que lleva al cuerpo al extremo con secuencias de *asanas* vigorosas y dinámicas. A menudo se utiliza más como ejercicio físico que como ejercicio de comunión entre cuerpo y mente.

- **Ashtanga.** Método de yoga dinámico que busca la sincroniza-
ción de una serie de *asanas* con ejercicios de respiración y cie-
rres energéticos (*bhandas*), que ayudan a la persona a concentrar y aumentar la energía a lo largo de la práctica. En este tipo
de yoga, sólo se practican tres series de *asanas*: yoga *chikitsa*
(desintoxica y purifica el cuerpo físico), *nadi shodhana* (purifica el sistema nervioso desbloqueando los canales de energía,
o *nadis*), y *sthira bhaga* (trabaja la fuerza y la resistencia).

- **Bikram.** Sesión de 26 *asanas* que siempre deben practicar-
se en una habitación con una temperatura controlada de
40-42 ºC. Este tipo de yoga no es para todo el mundo, y,
debido a la alta temperatura en la que se practica, y el estrés
que eso supone para el cuerpo, es importante hablar con el
médico antes de empezar a practicarlo.

- **Kundalini.** Estilo de Hatha yoga a partir de una serie de técnicas de respiración, *asanas*, cantos y ejercicios de meditación dirigidos a activar los centros energéticos de quien lo
practica.

Mientras que técnicas como el Hatha yoga se centran especialmente en el trabajo físico de los *asanas* para alcanzar la paz
interior y la armonía con el propio ser, otros métodos, como el
Raja yoga, o yoga mental, se fundamentan en la meditación
como principal herramienta para limpiar, sanar y despertar la
mente. Este tipo de técnicas también utilizan los *asanas*, pero
siempre complementados con ejercicios de respiración (*pranayama*), de concentración absoluta (*dharana*) y de meditación
pura (*dhyana*). Con ello se busca controlar la agitación mental,
liberarla de pensamientos, emociones y deseos, para centrarnos
exclusivamente en la observación del propio ser interior.

El yoga es un ejercicio tan popular ahora en Occidente que, como veréis, parece el bufet de un hotel: hay opciones ilimitadas. Para un principiante esto puede resultar abrumador. La parte positiva es que el yoga, sea de la modalidad que sea, aporta beneficios para el cuerpo y la mente, con lo que, finalmente, no hay una elección errónea.

Dicho esto, si estás en la encrucijada de escoger una de las cien escuelas de yoga activas hoy en día, lo más importante es reflexionar sobre qué quieres obtener con la práctica. ¿Buscas que te ayude a mejorar tu forma física? Entonces busca una escuela más centrada en lo físico. O, si por el contrario, tu intención es mejorar tu capacidad de concentración, entonces debes buscar una vertiente del Raja o similar. Por otro lado, si no sabes exactamente qué buscas, siempre puedes adherirte a ese dicho de «un millón de moscas no pueden estar equivocadas» y probar suerte con el Hatha o el Iyengar, que seguro que por algún motivo son los más practicados.

Testimonio: La historia de una principiante

Como persona claramente interesada en el conocimiento interior, había oído hablar del yoga, relacionado sobre todo con las religiones del Extremo Oriente. No fue hasta el momento en que empezó a popularizarse en Occidente cuando empecé a documentarme sobre esta disciplina. E, incluso entonces, la cantidad de información me sobrepasó un poco. Sobre todo porque, al no tener ningún punto de referencia, no era capaz de distinguir entre el material de calidad y la pura patraña.

Finalmente, encontré un par de lecturas más educativas que acabaron de despertar mi interés, así que me planteé buscar un gimnasio o un centro de yoga. Pero, por mis circunstancias del momento, en las que mis horarios eran muy variables, tuve que acabar descartando la opción de dos sesiones por semana.

Pero decidí que ésa no era mi única opción. Y un día la suerte me sonrió y encontré un libro titulado *Yoga para principiantes* o algo por el estilo. No es que ese manual tuviera nueva información sobre la doctrina y su filosofía, pero lo que sí tenía era un gran número de fotografías que ilustraban las posturas paso a paso, como si fueran recetas de cocina. Además, contenía tablas de ejercicios para poder hacer tus propias sesiones en casa.

Salí de la librería con el libro en el bolso y me fui directa al Decathlon a conseguirme una esterilla de espuma como las que mostraba mi libro. Sólo encontré una de color rosa chillón.

Esa noche hice mi primera sesión. Me gustaría poder decir que mi cuerpo imitó a la perfección las posturas de la esbelta y elegante rubia de las fotografías, pero la verdad es que no fue así. Cada vez que me tocaba mantener una pierna en el aire, acababa imitando a un avión para poder mantener el equilibrio. Y cuando tocaba estirar las piernas, las mías quedaban medio dobladas. Además, al día siguiente me dolían músculos que no sabía ni que tenía.

Sin embargo, seguí con la práctica, porque me gustaba mucho la sensación de paz que llenaba mi cuerpo con los ejercicios de respiración.

Con esta breve anécdota que, por cierto, terminó cuando decidí que las posturas no eran lo mío y que prefería centrarme en técnicas de meditación, lo que quiero transmitir es que el yoga es una disciplina que se puede empezar a practicar en casa. Además, hoy en día Internet supone una gran ventaja. Hay infinidad de páginas web dedicadas a la práctica autónoma del yoga, y, a pesar de que hay alguna de dudosa calidad, muchas de ellas son magníficas. De hecho, en canales web como Youtube hay centenares de vídeos de instructores que enseñan paso a paso cómo iniciarse en el yoga.

Ésta es una buena forma de empezar que no implica gasto o compromiso. Así puedes probarlo y ver si el yoga es para ti. Y, si descubres que sí, siempre estás a tiempo de buscar un centro donde te ayuden a profundizar en esta fascinante disciplina.

Sabías que... Beneficios del yoga

- Relaja el cuerpo físico y mental.
- Estimula el sistema circulatorio.
- Aumenta la flexibilidad en músculos y articulaciones.
- Aumenta la energía vital, o *prana*.
- Estimula los procesos metabólicos y anabólicos.
- Estimula el sistema inmunológico.
- Entrena y mejora nuestro sistema respiratorio.
- Estimula los órganos internos a través de ejercicios específicos.
- Silencia el pensamiento para experimentar el propio ser.
- Mejora la concentración y reduce el estrés.

8
Taichi

«En el Cuerpo yace la energía, la Forma habla de la Esencia,
el Movimiento se convierte en Quietud, el Sonido atrae el Silencio,
lo Efímero revela lo Eterno, y tras el Cambio se oculta el Tao.»

LAO-TSÉ

Un poco de historia

Cuenta la leyenda que el monje Zhang San Feng se encontraba
en el monasterio de Wudang, completando su formación como
discípulo de Shaolin, cuando presenció el singular combate entre una grulla blanca y una serpiente.

Según el relato, San Feng estaba meditando apoyado en la
ventana de sus aposentos cuando se percató de la presencia de
una serpiente en el parterre de su patio. De repente, una grulla de
considerable tamaño descendió desde un árbol cercano y empezó a picotear al pequeño reptil. La serpiente siseaba amenazado-
ra con la intención de ahuyentar el peligro, pero el gran pájaro
estaba hambriento y atacó a su presa con el pico. El reptil apartó
la cabeza a tiempo e intentó golpear el cuello de la grulla con la
cola. El pájaro se protegió con el ala derecha y entonces la serpiente se abalanzó sobre sus patas. Rápidamente, la grulla alzó su
pata izquierda y volvió a emprender los picotazos.

La serpiente no paraba de moverse en ondulantes y fluidos movimientos, y el pájaro no atinaba a darle un golpe certero. Así pasaron varios minutos hasta que la grulla, cansada de luchar, regresó a su árbol y dejó tranquila a la serpiente.

El monje quedó impresionado con la lucha que acababa de contemplar, y tras una profunda meditación creó el Tai Chi Chuan, un arte marcial que combina el entrenamiento físico, mental y respiratorio. Se trata de una disciplina interna, o *neijia* y, a diferencia de la inmensa mayoría de las artes marciales externas, o *waijia* (como el karate, el kung-fu o el taekwondo), pone más énfasis en el uso de la mente para coordinar la influencia y la fuerza del cuerpo relajado, el desarrollo interno, la circulación de la energía *chi*, así como la aplicación de los principios taoístas del movimiento externo.

¿Qué es?

El taichi se basa en los principios fundamentales de la filosofía taoísta china. Forma parte del cultivo espiritual conocido como «*xiu lian*», que hace referencia a la transformación del cuerpo mediante la práctica de ejercicios y de la meditación para cultivar y desarrollar la energía *chi* (*ki* en Japón, *prana* en la India), concepto profundamente arraigado en la cultura tradicional china.

Según el taoísmo, el *chi* que, literalmente, significa «aire», es la energía de la vida, la fuerza vital esencial que anima todas las formas de vida del universo y, a la vez, las mantiene unidas. Todo es *chi* y el *chi* lo conecta todo. En nuestro cuerpo, esta energía fluye a través de los doce meridianos que forman una extensa red de canales invisibles nutriendo los órganos y equilibrando las emociones. La medicina tradicional china sostiene que cuando este torrente de energía deja de ser fluido y se estanca en algún meridiano, produce un desequilibrio que desemboca en la enfermedad, tanto a nivel físico como mental.

Esta energía interna empieza a agotarse desde el instante en que nacemos, y técnicas como el taichi, el shiatsu (que procede de Japón y no de China) o el chi kung nos ayudan a restablecer la fluidez del *chi* y recuperar el equilibrio perdido.

La práctica habitual de taichi permite tomar conciencia de esta circulación energética y movilizarla a través de ejercicios específicos, respiración consciente y meditación. Meditar sobre el *chi* facilita al practicante de taichi llegar a alcanzar una profunda empatía hacia el resto de los seres humanos así como hacia todas las cosas que participan en los procesos de la naturaleza.

Según el *Neijing*, una recopilación de escritos médicos datado en 2600 a. C., «cuando el *chi* se aglutina, el cuerpo físico se forma; cuando se dispersa, el cuerpo muere. Si fluye con la vida produce salud, si se bloquea produce la enfermedad. Si se concentra se le llama "materia", si se esparce se le llama "espacio"».

Los ejercicios del taichi se conocen como formas y consisten en una serie de movimientos rutinarios preestablecidos, conscientes, unificados e internos cuya incesante repetición permite potenciar, desbloquear y dejar fluir la energía *chi*. Eso sí, no se trata de hacerlo de forma mecánica, sino de concentrarse y focalizar toda la atención en cada movimiento. Dicha conciencia del movimiento nos aportará la lentitud y serenidad necesarias para fluir desde dentro y armonizarnos internamente y con el exterior.

Según la tradición transmitida por la comunidad taoísta de Wudang (heredera directa de las enseñanzas primigenias del monje Zhang San Feng), la práctica del taichi original se basa en trece posturas inspiradas en los conceptos filosóficos del *yin* y el *yang*, los trigramas del Pa Kua que representan arquetipos del universo (cielo, tierra, trueno, viento, agua, fuego, montaña, lago) y los elementos de la naturaleza (agua, metal, madera, fuego y tierra).

Itinerario recomendado:
Los diez principios del taichi

Formulados originalmente por Yang Chen Fu, nieto de Yang Lu Chan (creador del Yang, uno de los estilos de taichi más difundidos en todo el mundo), estos principios muestran de forma clara y concisa la postura corporal y espiritual ideal para la práctica de este antiguo arte:

1. Mantener la cabeza erguida. Permite que la energía *chi* pueda nutrir el espíritu, o *shen*, y así alcanzar la lucidez. El cuello es el final de la columna. Por lo tanto, tanto cuello como cabeza deben mantenerse en línea con la espalda.

2. Relajar el pecho y mantener la espalda recta. De esta forma, los pies se arraigan en el suelo y desciende hacia el *dantian*, uno de los centros energéticos más importantes en la práctica del taichi, situado por debajo del ombligo. Hay que lograr que tener la espalda erguida se convierta en una posición natural y que no requiera esfuerzo físico sino todo lo contrario.

3. Mantener la cintura relajada y flexible, lo que significa no tener el vientre en tensión y poder girar el torso por encima de la cintura con facilidad. Esto promueve la estabilidad y la fuerza en las piernas, así como la fluidez de los movimientos desde su epicentro.

4. Repartir los diferentes pesos. Hay que tener todos los miembros relajados y estar estabilizado para tener más control sobre el equilibrio del cuerpo. De esta forma los movimientos son más ágiles.

5. Relajar los hombros y los codos. Consiste en mantenerlos libres de tensión mientras practicas las formas. Se puede hacer un poco de calentamiento para alcanzar su relajación. Para los hombros, lo ideal es hacer que los brazos dibujen circunferencias en el aire. Cuando lo hagas, intenta notar cómo los músculos de los hombros se mueven. Para los codos, realiza circunferencias pero sólo con los antebrazos.

6. Utilizar la mente en lugar de la fuerza, el control en lugar de la fuerza bruta. Como dice uno de los principios del karate: movimientos mínimos generan resultados máximos. En cualquier caso, en el taichi nunca se busca la brusquedad sino la delicadeza. De esta forma se consiguen movimientos más fluidos y naturales.

7. Coordinar la parte inferior y superior del cuerpo. Intenta sentir cómo cada parte de tu cuerpo se conecta con la siguiente. Empieza por los pies y ve subiendo. Los pies se conectan con las piernas a través de los tobillos. Las rodillas conectan las piernas con los muslos. Los muslos se unen a la pelvis y las nalgas a través de la cadera. La pelvis se convierte en el abdomen y las nalgas se convierten en la espalda. El abdomen se hace pecho a través de las costillas. La espalda nos mantiene erguidos gracias a la columna vertebral. El pecho y la espalda se unen en los hombros. Del hombro surge el brazo que termina en el codo. El codo conecta con el antebrazo, que desemboca en la muñeca. La muñeca nos da la mano. En la mano, los cinco nudillos nos dan los cinco dedos: pulgar, índice, corazón, anular y meñique. Volviendo a la unión entre pecho y espalda, la columna se eleva por el cuello que sostiene nuestra cabeza. Tener conciencia de cada parte de nuestro cuerpo es el principio imprescindible para conseguir el desbloqueo y la fluidez de la energía interior.

8. Mantener la unidad de lo externo y lo interno. Mediante la respiración consciente y la meditación, se busca focalizar la atención y concentrarse en el momento presente durante la práctica de los ejercicios físicos. La mejor manera de sentir esta conexión entre lo externo y lo interno es a través de la respiración, que empieza fuera y llega adentro. Notar cómo el cuerpo exterior reacciona al aire entrando en nuestro cuerpo es la mejor manera de concentrarse y buscar esta conexión. Es importante respirar en profundidad y completar la respiración en tres pasos. Primero, inhalando profundamente, sintiendo cómo se llenan los pulmones pero también cómo se expande el pecho y se abren las costillas para hacer espacio para el *chi* que está entrando en el cuerpo. El segundo paso es corto, y se trata de mantener el aire dentro, durante un breve instante, concentrándonos en cómo insufla de vida nuestro cuerpo. Finalmente, exhalamos lentamente, percibiendo cómo el aire recorre de nuevo nuestro interior y sale por nuestra boca y nariz, al tiempo que el pecho se contrae para acoger mejor nuestros pulmones.

9. Mantener la continuidad y fluidez de movimientos. Las formas del taichi imitan el fluir y la vitalidad de la naturaleza. Como tal, es un solo movimiento de principio a fin, constante y sin interrupciones. La clave es tener plena conciencia del propio cuerpo y de cómo las articulaciones hacen que se mueva. Así podrás, con un poco de práctica, conectar los movimientos y posiciones de manera orgánica para que, finalmente, más que una secuencia de movimientos sea un periodo de tiempo en movimiento.

10. Buscar la serenidad en el movimiento. La ejecución de las formas debe ser fluida y flexible como un río, mientras que la mente se mantiene sólida y serena como una montaña. Para mantener esta fluidez, hay que pensar en los movimientos como si se tratara de un baile en el que la acción sigue el ritmo de la música. Sólo que en este caso la música es tu respiración y los movimientos deben acompañarla e ir a su misma velocidad. Tal vez un movimiento representa dos respiraciones completas o quizás es sólo una; lo importante es buscar la cadencia.

Información importante: La respiración

Tal como ocurre en todas las artes marciales interiores, la respiración es clave a la hora de practicar taichi. Como he explicado brevemente, la respiración debe ser suave, larga y equilibrada, para que te ayude a focalizar la atención en la práctica de las formas y en la profundización del ser con el objetivo de conseguir el equilibrio y la fluidez de la energía *chi*. En general, durante la práctica del taichi se recomienda concentrarse en dos tipos de respiración:

♦ **Respiración abdominal.** Al inspirar mantienes relajado el abdomen dejando que se hinche e intentando que no se muevan la musculatura intercostal ni la clavícula. En este tipo de respiración, el porcentaje de oxigenación es mayor que en la respiración torácica.

♦ **Respiración torácica o completa.** Inhalas lentamente por la nariz, dirigiendo mentalmente el aire hacia el *dantian* o centro energético situado por debajo del ombligo. Sigues inhalando y llenando de aire la parte media del pecho, los costados y la parte más alta del tórax. Al espirar, debes invertir el proceso vaciando la parte superior del tórax, luego la parte media y finalmente el abdomen hasta expulsar todo el aire.

Cuida tu *chi*

Según la medicina tradicional china, el *chi* circula por todo el organismo a través de la red de meridianos internos. Actúa como vía de comunicación entre la esencia vital y el núcleo central, o *shen*, o sea, entre el ser físico y el ser mental. El taichi permite entrar en contacto con este singular torrente de energía para llegar a sentirlo, poderlo cultivar y finalmente hacerlo circular. Las principales funciones del *chi* son:

- *Impulso* (*Tui Dong*). Esta energía ayuda al crecimiento del cuerpo físico, la función de los órganos y los meridianos, la circulación de la sangre y la distribución de los líquidos.
- *Calentamiento* (*Wen Xu*). El *chi* es el responsable de mantener la temperatura del cuerpo y garantizar una correcta circulación sanguínea.
- *Protección*. Según la medicina tradicional china, el equilibrio y la fluidez del *chi* ahuyenta las enfermedades gracias a su función inmunitaria, capaz de resistir al ataque de las energías patógenas (*xie qi*).
- *Control* (*Gu She*). La energía *chi* permite contener los fluidos corporales y regular su emisión al exterior.
- *Transformación* (*Qi Hua*). El conjunto de procesos metabólicos que se dan en el organismo son regulados también por esta energía vital, responsable del correcto funcionamiento del cuerpo.

9
Chi kung

«El que domina a los otros es fuerte.
El que se domina a sí mismo es poderoso.»

LAO-TSÉ

Antes de partir

Junto al taichi, el chi kung es la técnica más efectiva para contactar con la energía vital o *chi*. De hecho, a esta disciplina también se la conoce con el nombre de *qigong*, que significa «cultivo de la energía». Su práctica es ideal a la hora de potenciar al máximo la eficacia y la eficiencia de la energía *chi*, así como su equilibrio y fluidez.

Según la medicina tradicional china, sistema terapéutico con más de dos mil años de antigüedad y que, actualmente, está recomendado por la Organización Mundial de la Salud como método terapéutico de eficiencia contrastada, el chi kung es una terapia que combina movimiento, meditación y regulación de la respiración para mejorar el flujo del *chi* en el cuerpo. Entre sus beneficios destacan, entre otros, la mejora de la circulación, el aumento en la eficiencia del sistema inmunitario y la reducción del estrés y la ansiedad.

En cuanto a la práctica de este ancestral método, el chi kung pone especial énfasis en las técnicas de respiración, entre las que destaca la respiración abdominal o budista, que consiste en ejercitar el diafragma como principal impulsor de la ventilación pulmonar. Acompañan a los diferentes métodos de respiración una serie de ejercicios enfocados a facilitar el desbloqueo y la circulación del *chi*. A diferencia del taichi, en la práctica del chi kung intervienen movimientos corporales independientes y sin conexión entre ellos. Y su práctica es, en general, bastante más estática.

Itinerario recomendado: Ocho posturas

Las llamadas «ocho piezas del brocado», o Ba Duan Jin, son una buena introducción al chi kung actual. Se trata de ocho posturas o formas que se realizan de pie y que permiten tomar conciencia del cuerpo, observar nuestro paisaje interior, concentrarnos en la respiración y aquietar la mente.

Los ejercicios de la serie se centran en el estiramiento muscular suave y gradual mediante el alejamiento de dos puntos del cuerpo en sentido opuesto. Este trabajo facilita un bombeo en el sistema circulatorio que drena las zonas donde la energía vital se ha estancado, facilitando así la renovación y la fluidez del *chi*. Vamos a verlos a continuación:

1. **Sostener el cielo con las manos.** Consiste en el estiramiento de dos puntos opuestos, como coronilla-planta de los pies, coronilla-coxis, plantas de los pies-perineo, hombros-palmas de las manos, codo derecho-izquierdo o palmas de las manos-dorsales altas.

   Debes empezar el ejercicio de pie, con las piernas juntas y los pies ligeramente separados el uno del otro. Procura tener la espalda bien erguida pero relajada. Entonces, junta las manos uniendo los dedos de una con la otra. A continuación alza los brazos por encima de tu cabeza y estíralos al máximo hacia arriba, como si quisieras alcanzar el cielo.

2. **Tender un arco para disparar una flecha.** El ejercicio trabaja el estiramiento de dos puntos opuestos, como coronilla-pies, coronilla-coxis, hombro-canto de la mano del brazo estirado, hombro-codo del brazo plegado, canto de la mano del brazo que estira-punta de los dedos del brazo plegado o planta de los pies-perineo.

Separa los pies y flexiona las rodillas bajando todo el cuerpo hasta quedar en cuclillas. No debes forzar mucho la postura, flexiona hasta donde llegues sin que te resulte doloroso. Es muy importante mantener la espalda totalmente recta.

Extiende completamente el brazo derecho a la altura del hombro (igual que un espantapájaros). Entonces, haz que la mano izquierda toque el codo derecho. Alinea así los brazos para que estén a la misma altura. Cuando lo estén, ve alejando el brazo izquierdo (sin cambiar su postura) hacia la izquierda hasta que la mano izquierda te quede encima del pectoral o pecho izquierdo. Como si fueras un arquero a punto de disparar. Cuando tengas esta postura, gira la cabeza y fija tu mirada en tu mano derecha.

3. **Elevar una mano.** Trabajaremos el estiramiento de dos puntos opuestos, como coronilla-pies, coxis-coronilla, hombros-palmas de las manos, palma derecha-izquierda o plantas de los pies-perineo.

Junta las piernas, con los pies ligeramente separados. Mantén todo el cuerpo bien erguido. Coloca entonces los brazos en cruz y levanta las manos para que los dedos queden en perpendicular con el brazo, como si quisieras que tu muñeca hiciera un ángulo de noventa grados. Entonces, empieza a elevar el brazo izquierdo hasta que tu mano izquierda quede encima de tu cabeza con la palma mirando al cielo. El brazo derecho debe descender en dirección contraria, o sea, debes dejarlo pegado al cuerpo y colocar la mano detrás de la espalda, con el meñique resiguiendo las nalgas.

4. **Balancear la cabeza y mover la cola.** Realizaremos el estiramiento de dos puntos opuestos, como coronilla-planta del pie derecho o izquierdo, coxis-coronilla o cadera-planta del pie.

   Con los pies separados, flexiona las rodillas hasta ponerte de cuclillas con la espalda recta. Coloca tus manos encima de tus muslos, casi tocando las rodillas. Entonces, lentamente, ve subiendo y bajando las nalgas al ritmo de tu respiración. Por último, combina este movimiento con la rotación de la cabeza. Mueve la cabeza describiendo círculos en sentido opuesto a las agujas del reloj. Es importante que la cabeza se mantenga lo más recta posible. No debes doblar mucho el cuello ni dejar la cabeza colgando. Deben ser movimientos pequeños y controlados.

5. **Girar la cabeza para mirar hacia atrás.** Consiste en el estiramiento de dos puntos opuestos, como coronilla-plantas de los pies o coxis-coronilla. La mirada se lleva al extremo exterior del ojo.

   Junta los pies y haz que todo el cuerpo esté perfectamente estirado. Deja que los brazos descansen junto al cuerpo, con las manos tocando los muslos y las palmas mirando hacia delante. Entonces gira la cabeza, sin inclinarla, manteniendo la barbilla en paralelo con el hombro y mira hacia atrás.

6. **Agarrar los pies con ambas manos.** Se basa en el estiramiento de dos puntos opuestos, como coronilla-plantas de los pies, coxis-coronilla, hombros-palmas de las manos o perineo-plantas de los pies.

    Separa los pies unos quince centímetros. A continuación, estira todo el cuerpo y eleva las manos con los brazos completamente estirados.

    Luego, poco a poco, ve bajando los brazos y que el resto del cuerpo baje con ellos. Primero la cabeza y el cuello, luego la espalda y el pecho. Busca que tus manos toquen la punta de tus pies. Si no eres muy flexible, flexiona las rodillas para que el movimiento no te resulte doloroso. Clava la mirada en el suelo; la cabeza debe quedar paralela al suelo y no doblada mirando las piernas.

7. **Cerrar los puños.** Busca el estiramiento de dos puntos opuestos como coronilla-pies, coronilla-coxis, hombro-puño del brazo estirado, hombro-codo del brazo plegado, puño derecho-izquierdo o planta de los pies-perineo.

    Separa los pies y flexiona las rodillas para ponerte en cuclillas. Es importante bajar el trasero todo lo que puedas, pero, sobre todo, no hay que comprometer nunca la postura erecta. Cuando tengamos esta posición estabilizada, pegamos los brazos a los lados del cuerpo y, entonces, doblamos el codo y subimos los antebrazos. La muñeca y el hombro deben estar a una distancia de más o menos un palmo. Las manos, recogidas en un puño semiapretado.

    Cuando hayamos hecho esto, debemos inclinar los puños hacia la derecha hasta que el puño izquierdo quede frente al pectoral/pecho derecho y el puño derecho esté al lado del cuerpo (como si intentáramos parecer una pintura egipcia). Por último, fijaremos nuestra mirada en el puño derecho.

8. **Elevarse sobre las puntas de los pies.** Consiste en el estiramiento de dos puntos opuestos, como coronilla-pies o coronilla-coxis.

Junta las piernas y los pies hasta que se estén tocando. Baja los brazos y que las manos queden planas sobre tus muslos. Mira al frente y entonces levanta los talones hasta quedar de puntillas con todo tu cuerpo apoyándose en la parte delantera de los pies.

Sabías que... Los tres tesoros

El chi kung está considerado como un método de entrenamiento basado en el automasaje de los meridianos del cuerpo para favorecer la regulación del funcionamiento de los órganos internos, así como la fluidez de la energía vital. Para ello, cultiva y desarrolla los llamados «tres tesoros»: *chi* (energía vital), *jing* (esencia) y *shen* (espíritu). Según el taoísmo, se llaman así porque el agotamiento o bloqueo de cualquiera de ellos compromete a todo el organismo. Se consideran el origen y la raíz de la vida, y también se los conoce como las «tres raíces» (*San Yuan*).

El *chi* es la fuerza vital que impregna la naturaleza y es la función movilizadora de todo ser vivo. El *jing* es la esencia y energía intermediaria, la que sirve de vehículo para el paso de lo inmaterial a lo material. Y el *shen* es el poder espiritual o la divinidad interna que nos guía. Según el *qigong*, una vez que el cuerpo rebosa esencia o *jing*, la persona ya goza de suficiente flujo de *chi* y en consecuencia su *shen* o espíritu está limpio. Un estado de completa armonía y equilibrio personal.

Actividades: Sosteniendo el cielo

La postura básica e inicial del chi kung se llama «*wu ji*» y es el punto de partida de todos los ejercicios de esta disciplina. Se inspira en la concepción taoísta del origen del universo antes de su materialización y cuando sólo existía un vacío total.

Con la cabeza erguida y el cuello relajado, permanece de pie con las piernas juntas y ligeramente flexionadas y los pies en paralelo y alineados con los hombros. Debes tener cierta sensación de solidez, estabilidad y arraigo en el suelo. Los brazos deben caer de forma natural a ambos lados del cuerpo y rozar ligeramente los laterales de las piernas con las yemas de los dedos.

- Empieza el ejercicio desde la posición *wu ji*, en la que cuerpo y mente se encuentran en un estado neutro, sin extremos, sin movimiento ni pensamiento.
- En esa posición, inhala y exhala profundamente centrándote en el *dantian* inferior, o almacen de energía *chi* (situado por debajo y hacia dentro del ombligo), focalizando la atención en el silencio interior, el vacío y la quietud.
- Seguidamente, extiende los brazos hacia delante y sitúalos a la altura del pecho con los dedos entrelazados y las palmas de las manos hacia el exterior.
- Estira y levanta poco a poco los brazos por encima de la cabeza hasta que las manos entrecruzadas queden justo encima de la cabeza, como si intentaras sostener el cielo con ellas.
- Estira todo el cuerpo y eleva ligeramente los talones manteniendo la espalda bien recta en todo momento. Repite este ejercicio varias veces a lo largo del día.

Itinerario alternativo: El chi kung de los cinco animales

Creado por el médico taoísta Hua To en el siglo II, este método de chi kung se inspira en las cualidades motrices y el comportamiento de cinco animales. Plantea una serie de ejercicios que, a través de la imitación del tigre, el ciervo, el oso, el mono y la grulla, trabajan el ámbito físico, emocional y mental.

- **Tigre.** Este ejercicio proporciona flexibilidad y equilibrio. Inicia el ejercicio con la postura *wu ji* y completamente relajado. Cierra uno a uno los dedos de las manos y lleva ambos puños al *dantian* inferior. Seguidamente, súbelos a la altura del pecho y abre las manos girando las palmas hacia arriba y levantando los brazos hasta adoptar la postura de sostener el cielo (*ver arriba*). Sin bajar los brazos, vuelve a cerrar los dedos uno a uno y nuevamente baja los puños hacia el pecho. Abre las manos y estira los brazos en dirección al suelo. Repite de nuevo desde el principio. Este ejercicio es recomendable para la activación de los meridianos del hígado y la vesícula biliar.

- **Ciervo.** Al igual que el ejercicio anterior, proporciona flexibilidad y equilibrio en los movimientos. Desde la posición neutra de *wu ji*, dobla la pierna derecha y estira hacia delante la pierna izquierda, doblando ligeramente la rodilla. Deja que el peso repose sobre la pierna derecha y estira hacia delante el brazo izquierdo. Muévelo realizando círculos en dirección contraria a las agujas del reloj, de forma que el movimiento surja de la cadera y la cintura y no por acción de las articulaciones del hombro. A continuación, repite todos los pasos pero esta vez adelantando la pierna y el brazo derechos. Este ejercicio es recomendable para la activación y regulación de los meridianos del corazón y el intestino delgado.

◆ **Oso.** Realizar este ejercicio de forma habitual proporciona estabilidad y aplomo. Desde la posición neutra de *wu ji*, dobla la rodilla derecha y proyecta el hombro derecho hacia delante y hacia abajo dejando el brazo relajado y colgando. Al mismo tiempo, proyecta hacia atrás el hombro izquierdo y levanta ligeramente el brazo izquierdo. A continuación, repite el ejercicio en la dirección opuesta.

◆ **Mono.** Sus cualidades motrices son la habilidad y la rapidez. Partiendo de la posición neutra de *wu ji*, dobla ligeramente las rodillas y adelanta poco a poco el pie izquierdo mientras levantas la mano izquierda manteniéndola a la altura del hombro. Proyéctala hacia delante como si estuvieras cogiendo algo y forma una garra doblando la muñeca. Ahora, da un paso hacia delante con el pie derecho y levanta el talón del pie izquierdo. Al mismo tiempo, levanta la mano derecha y mantenla a la altura del hombro. Proyéctala hacia delante como si estuvieras cogiendo algo y dobla la muñeca para formar una garra. Este ejercicio es recomendable para la activación y regulación de los meridianos del bazo y el estómago.

◆ **Grulla.** Sus cualidades motrices son la gracilidad y la elegancia. Partiendo de la posición neutra del *wu ji*, adelanta el pie izquierdo y da medio paso hacia delante con el derecho levantando el talón ligeramente. Al mismo tiempo, eleva las manos al frente y ábrelas hacia los lados como si se tratara de un par de alas. Inspira y expira profundamente. Repite el ejercicio adelantando primero el pie derecho. Este ejercicio es recomendable para la activación y regulación de los meridianos del pulmón y el intestino grueso.

10

Entrenamiento autógeno

«Sabios son aquellos que dominan el cuerpo, la palabra y la mente.
Ellos son los verdaderos maestros.»

Dhammapada, Buda

Un poco de historia

Desarrollado en 1927 por el neurólogo alemán Johannes H. Schultz, el entrenamiento autógeno es una técnica psicoterapéutica eficaz y rápida a la hora de enseñar al cuerpo y la mente a responder a las órdenes verbales de relajación y autorregular el sistema nervioso autónomo. En palabras del propio Schultz, «el principio sobre el que se fundamenta el método busca producir una transformación general del sujeto de experimentación mediante determinados ejercicios fisiológicos y racionales y que, en analogía con las más antiguas prácticas hipnóticas exógenas, permite obtener resultados idénticos a los que se logran con los estados sugestivos auténticos».

Inspirándose en los trabajos del neurólogo Oskar Vogt, que durante la última década del siglo xix experimentó con la hipnosis para reducir casos de fatiga y estrés, Schultz descubrió que era posible crear un estado parecido al trance hipnótico únicamente visualizando una intensa sensación de pesadez y calor en las extremidades. La ventaja de este método es que puede realizarse de forma individual y no requiere de excesiva preparación para lograr buenos resultados.

Actividades y ejercicios

El conjunto de fórmulas verbales propuestas por el doctor Schultz comprende dos tipos de ejercicios: estándar y meditativos.

Como punto de partida es importante disponer de una habitación tranquila, con iluminación tenue, vestir cómodamente y adoptar una postura confortable, ya sea sentado o tumbado. Mantener los ojos cerrados ayuda a concentrarse mejor.

En ningún caso debe cambiarse el orden de realización de los ejercicios. En general, se recomienda practicar la siguiente serie entre cuatro y diez meses para llegar a dominar por completo la técnica.

Ejercicios estándar

Enfocados a contrarrestar el estado de alarma y ansiedad que aparece ante situaciones de estrés físico o emocional. Este bloque comprende seis ejercicios, de aproximadamente diez minutos de duración cada uno:

1. **Sensación de pesadez.** Consiste en visualizar una parte concreta del cuerpo y repetir hasta seis veces en cada caso las siguientes frases: «Mi brazo derecho pesa mucho»; «mi brazo izquierdo pesa mucho»; «mis dos brazos pesan mucho»; «mi pierna derecha pesa mucho»; «mi pierna izquierda pesa

mucho»; «mis dos piernas pesan mucho»; «mis brazos y mis piernas pesan mucho».

Los conceptos de «brazo» y «pierna» hacen referencia a todo el conjunto de la extremidad, desde los dedos hasta el hombro (en el caso del brazo) o desde la cintura (en el caso de la pierna) hasta los dedos de los pies.

2. **Sensación de calor.** El entrenamiento autógeno permite regular el sistema vascular, ya que la mayor o menor apertura de los vasos sanguíneos depende en gran parte del sistema nervioso. Este ejercicio es similar al anterior. También se debe visualizar una parte concreta del cuerpo y repetir seis veces en cada caso: «Mi brazo derecho está caliente»; «mi brazo izquierdo está caliente»; «mis dos brazos están calientes»; «mi pierna derecha está caliente»; «mi pierna izquierda está caliente»; «mis dos piernas están calientes»; «mis brazos y mis piernas están calientes».

Este ejercicio puede realizarse en combinación con el anterior añadiendo como fórmula verbal común: «Mis brazos y mis piernas pesan mucho y están calientes».

3. **Corazón tranquilo.** Los factores psíquicos ejercen gran influencia sobre el corazón. Este ejercicio ayuda a tomar conciencia de él y regular su actividad a través del entrenamiento autógeno. En este caso, se pretende llegar a un estado de concentración para conseguir una regularidad en el ritmo cardíaco y una disminución moderada en la frecuencia cardíaca.

El ejercicio se inicia visualizando la parte concreta del cuerpo que vas a trabajar y repitiendo seis veces en cada caso: «Mi mano izquierda pesa mucho»; «mi corazón late tranquilo»; «mi mano derecha pesa mucho»; «mi corazón late tranquilo».

4. **Respiración sosegada.** Lograr una respiración serena y consciente es clave a la hora de conseguir un estado de profunda relajación. Se empieza visualizando la parte concreta del cuerpo que vamos a trabajar y a continuación se repite seis veces en cada caso: «Mi mano derecha pesa mucho»; «respiro tranquilo»; «mi mano izquierda pesa mucho»; «respiro tranquilo». Y así sucesivamente hasta cubrir todas las partes del cuerpo y todas las combinaciones: «Mis brazos y mis piernas pesan mucho y están calientes»; «mi corazón late tranquilo y respiro tranquilo».

5. **Regulación abdominal.** Este ejercicio precisa que la persona focalice toda su atención en la zona del abdomen y repita seis veces en cada caso: «Mi mano derecha pesa mucho»; «estoy completamente tranquilo»; «mi mano izquierda está caliente»; «estoy completamente tranquilo»; «mi corazón late tranquilo»; «respiro tranquilo»; «mi abdomen genera calor». Debe unirse a todas las repeticiones ya mencionadas.

6. **Mente fría.** Los cinco ejercicios anteriores generan en la persona un estado de relajación acompañado de cierta sensación de pesadez y calor. Para terminar el entrenamiento autógeno, este último ejercicio busca aportar claridad mental en el proceso para poder vivenciar más profundamente la conciencia del yo interior.

Empieza visualizando la parte concreta del cuerpo que vayas a trabajar y a continuación repite seis veces en cada caso: «Mi mano derecha pesa mucho»; «estoy completamente tranquilo»; «mi mano derecha está caliente»; «estoy completamente tranquilo»; «mi corazón late tranquilo»; «respiro tranquilo»; «mi abdomen genera calor»; «mi frente está fresca».

Ejercicios meditativos

Dirigidos a complementar y aumentar el efecto de los ejercicios estándar, fueron creados por el doctor Schultz con el fin de reproducir los beneficios físicos y emocionales de la meditación pero prescindiendo de sus elementos religiosos o místicos.

◆ **Color y movimiento.** El ejercicio consiste en realizar cualquiera de las posiciones autógenas estándar y a continuación visualizar un color determinado hasta que inunde por completo la mente. Seguidamente, imagina una figura geométrica de otro color superpuesta en el fondo. Poco a poco, añade otras formas y colores como si de un caleidoscopio mental se tratara. A continuación, imagina que las figuras se mueven hacia arriba, hacia abajo, hacia los lados y en profundidad.

◆ **Focalizar y desfocalizar objetos.** La idea es concentrar toda la atención en un objeto específico, ya sea animado o inerte. El ejercicio consiste en mantener esa imagen en la mente y moldearla en sesiones prolongadas que pueden alargarse durante varios minutos. Se puede hacer que la imagen avance y retroceda en tu campo de visión como si dispusieras de un zum, contemplar sus detalles, enfocarla y desenfocarla, situarla sobre fondos de distintos colores, entrar en su interior. Pasados unos minutos, descarta ese objeto y repite la operación con otros. No es imprescindible que los objetos realicen las mismas acciones (por ejemplo: acercarse, alejarse, irse a la derecha y luego a la izquierda), lo importante en este ejercicio es la concentración en el objeto en sí, no en las acciones que le hagas realizar.

- **Profundizar en conceptos.** Este ejercicio consiste en concentrar la atención en un concepto abstracto, como por ejemplo «felicidad». Para ello se puede repetir la palabra mentalmente varias veces, visualizarla escrita de varias formas y colores, imaginar y enlazar diferentes situaciones personales de felicidad dejando que acudan a la mente. Cuando estés satisfecho, pasa a otro concepto; por ejemplo: la justicia, la paz, la honestidad, la alegría, el sosiego, la humildad, la serenidad, etc.

  Es importante centrarse en conceptos abstractos positivos y agradables y concentrarte en ellos con energía. Si utilizas conceptos negativos, como la injusticia, el egoísmo, el odio, etc., es inevitable que estas ideas agiten tu mente alterando tu estado de concentración y perturbando tu estado meditativo.

~~~~~~

Sabías que...
Beneficios del entrenamiento autógeno

Según el doctor Gabriel Ángel Carranque, de la Universidad de Málaga, practicando de forma habitual este método de relajación puedes lograr los siguientes beneficios:

- Autotranquilización conseguida por relajación interna y no por propia imposición (reposo similar al sueño).

- Restablecimiento corporal y psicohigiene.

- Autorregulación de funciones orgánicas (cardiocirculatorias, respiratorias, digestivas, etc.).

- Aumento del rendimiento intelectual (concentración, memoria, etc.).

- Supresión del dolor.

- Formulación de propósitos concretos, consiguiendo afrontar mejor muchas situaciones vitales estresantes.

- Capacidad de autocrítica y autodominio, al mejorar la visión interior de nosotros mismos.

~~~~~~

11
Respiración holotrópica

«Cuando la concentración impregna la mente y el cuerpo,
el poder de la respiración se vuelve uno con el universo,
extendiéndose suave y naturalmente hasta el límite absoluto,
pero, a la vez, la persona se hace cada vez más
autocontenida e independiente.»

MORIHEI UESHIBA (1883-1969)

Un poco de historia

Enmarcada en el ámbito de la psicología transpersonal, la respiración holotrópica es una técnica de psicoterapia experiencial y de autoexploración profunda desarrollada en los años setenta por el psiquiatra checo Stanislav Grof y su esposa Cristina Grof.

La palabra «holotrópica» deriva del griego «*holos*» (totalidad) y «*trepein*» (ir hacia), es decir que significa moverse hacia la totalidad. Para entendernos, su propósito es alcanzar una mayor autocomprensión, una expansión del yo interior, así como profundizar en las causas reales de los problemas emocionales y psicosomáticos. Y ¿cómo lo consigue? La técnica combina ejercicios de respiración, música evocativa, trabajo corporal focalizado y elaboración de mandalas.

Su principal objetivo es generar estados expandidos de conciencia, a fin de que la psique seleccione y lleve a la conciencia contenidos inconscientes cargados de emotividad y con un gran poder transformador. Al alcanzar dichos estados holotrópicos, la persona experimenta contenidos relacionados con su propia vida (incluso vivencias olvidadas o reprimidas), memorias corporales y sensoriales y sensaciones físicas asociadas a emociones vinculadas a momentos importantes de su vida.

Según Holotrópica España, centro de actividades especializado en psicología transpersonal y respiración holotrópica, el contenido de estas experiencias incluye:

- *Hechos biográficos* de nuestra vida, desde el momento del nacimiento hasta el presente.

- *Material del nivel perinatal:* relacionado con el tiempo que pasamos en el útero de la madre y del propio nacimiento, que puede conectar con secuencias de muerte y renacimiento psicológico.

- *Material del dominio transpersonal,* en el que la sensación de identidad se extiende más allá de la persona, abarcando aspectos de la humanidad, la psique y el cosmos que proporcionan una sensación de sentido de la vida y de conexión.

Posibles itinerarios

En palabras del propio Stanislav Grof, «la respiración holotrópica nos permite acceder a estados no ordinarios de conciencia en los que el material biográfico significativo procedente de nuestra temprana infancia emerge a la superficie desde las primeras sesiones. De este modo, las personas no sólo tienen acceso a recuerdos procedentes de su niñez y de sus primeros años, sino que también suelen conectar vívidamente con su nacimiento, la vida del feto e, incluso, aventurarse en dominios de la experiencia que se hallan más allá de su vida intrauterina. Todo es percibido con una inusual viveza y claridad. Durante las sesiones con respiración holotrópica, es sorprendente ver la intensidad con la que las personas son capaces de acceder a las experiencias más tempranas de su vida».

Una sesión de respiración holotrópica, sea individual o en grupo, acostumbra a tener una duración aproximada de tres horas. Durante la sesión se realizan ejercicios de respiración que progresivamente se vuelven más rápidos y profundos hasta llegar a un nivel de hiperventilación que facilita a la persona llegar al estado expandido de conciencia, parecido al que se experimenta en prácticas de meditación, ayunos o trances chamánicos, entre otros.

Actividades y ejercicios

Lo primero que debe quedar claro es que la respiración holotrópica es todo un proceso y que sólo debemos abordarla si verdaderamente estamos muy interesados, ya que requiere bastante dedicación y tiempo.

Uno de los atractivos de la respiración holotrópica es que combina no solamente la meditación, sino que suele acompañarse de arte y debate, lo que convierte las sesiones en unas experiencias muy completas.

Las sesiones de respiración holotrópica se pueden realizar en grupo, por parejas o de forma individual, aunque, como son de larga duración (dos o tres horas como mínimo y a veces incluso más), la gente suele preferir hacerlas en grupo. Pero se pueden llevar a cabo de forma independiente, ya que la mayor parte de la sesión se realiza individualmente y sin directrices.

A continuación describo una posible sesión completa de respiración holotrópica que puedes realizar cómodamente en casa.

1. **Preparación.** Resérvate un mínimo de tres horas de tranquilidad sin interrupciones. Nada de teléfonos, ni hijos ni distracciones. Ponte ropa cómoda que no te restrinja ni apriete en ningún lado (las mujeres deberían prescindir de los sujetadores). La sesión debe llevarse a cabo en una sala con una temperatura agradable. En el centro de la habitación coloca una esterilla o alfombra sobre la que te tumbarás para respirar. Al lado se aconseja tener un botellín de agua, pues tanto esfuerzo respiratorio puede secar la garganta y provocar sed, así como una toallita para el sudor. Y, por último, deja unas hojas de papel y colores (rotuladores o lápices de color o hasta pintura) apartados a un lado para el final de la sesión.

2. **Ambiente.** Asegúrate de que la habitación tiene una iluminación agradable y tenue. Nada de fluorescentes o luces muy potentes. Si lo prefieres, puedes dejarla en semipenumbra. Cuando estés preparado, pon la música a un volumen agradable, ni muy alta ni muy baja. Hay música especialmente indicada para sesiones holotrópicas que se puede escuchar online o adquirir como CD. Pero también puedes utilizar música evocativa o de meditación. Los CD de sonidos de la naturaleza también funcionan muy bien. Es importante tener la música calculada para toda la sesión. Si te aseguras de tener más o menos tres horas de música, puedes utilizarla como reloj controlador y olvidarte del tiempo.

3. Empezar. Pon la música y mueve tu cuerpo libremente. Respira y procura relajar tus extremidades. Concéntrate en la música y no intentes pensar en nada específico. Cuando lo consigas, túmbate boca arriba sobre la esterilla. Puedes tener las piernas flexionadas o estiradas; simplemente busca la postura en la que te encuentres más cómodo. Lo mismo con los brazos y las manos. Hay gente que los pone en cruz, otros los dejan descansar junto al cuerpo y hay algunos que prefieren colocar las manos sobre el abdomen para ser más conscientes de su respiración.

No te apresures. Lo bueno de la respiración holotrópica es que no hay una fórmula o técnica estándar, así que siéntete con libertad de cambiar de postura hasta que encuentres la que te resulte más cómoda. Los ojos pueden estar abiertos o cerrados, pero la mayoría de la gente suele cerrarlos para evitar distracciones exteriores.

4. Respiración. La clave de la respiración holotrópica es ésta: respirar profundo pero rápido. Parecería que los dos adjetivos no pudieran ir juntos, pero verás que sí. Empieza respirando en profundidad, y tómate el tiempo que necesites hasta que tu respiración esté totalmente regularizada en inhalaciones y exhalaciones que recorran todo tu tórax. Ésta será tu respiración base y a la que debes volver si ves que te desconcentras o te pierdes. Cuando la tengas, es momento de empezar a experimentar. Ve aumentando la velocidad de respiración, pero no te olvides de que debe ser profunda. Lo que esto significa a efectos prácticos es que todo tu pecho estará en movimiento porque el aire recorrerá todo el camino desde tu boca y nariz hasta la parte inferior de tus pulmones, pero a una velocidad muy superior a la normal. Seguro que al principio te cuesta, pero no te estreses: si ves que al aumentar tu velocidad, la respiración se hace más corta, aminora y vuelve a la respiración base. Y cuando te sientas cómodo vuelve a intentarlo. Cuando lo consigas, céntrate en la respiración y déjate llevar.

5. **Proceso.** Como ya he dicho, la respiración holotrópica es una actividad que otorga total autonomía al que la realiza. Así que, simplemente, haz lo que te resulte natural y procura no pensar.

Notarás que te cansas. Este tipo de respiración requiere esfuerzo, así que, cuando empieces a sentirte cansado, disminuye el ritmo respiratorio y utiliza la respiración base para recuperar fuerzas y tranquilizarte. Estos momentos de relajación también son muy útiles para intentar diseccionar las impresiones o sensaciones que te hayan sobrevenido en las etapas de respiración más agitada. También es un buen momento para incorporarte ligeramente y beber agua o secarte el sudor. A continuación, vuelve a tumbarte y sigue.

6. **Última fase.** Cuando hayas tenido suficiente o veas que la música está a punto de terminar, vuelve a la respiración base. Entonces puedes mover brazos y piernas para abandonar la postura estática. Cuando te sientas preparado, abre los ojos y repasa lo que te rodea. Incorpórate poco a poco hasta quedar sentado. Ahora es el momento de recuperar el papel y los colores. Dibuja un círculo grande que ocupe la mayor parte del papel posible. Y, sin pensar mucho y centrándote en lo que acabas de experimentar, dibuja y pinta dentro del círculo. Éste será tu propio mandala, fruto de la inspiración salida de tu ser. No te preocupes si no sabes dibujar, la técnica no es importante; tan sólo debes plasmar de la manera más automática posible lo que has percibido. Cuando hayas terminado, guarda el dibujo para revisarlo en otro momento.

7. Final. Con el mandala termina la sesión. Después, en las sesiones de grupo, la gente que se siente cómoda comparte sus impresiones o cuenta sus experiencias y éstas se debaten en grupo. Si quieres, puedes escribir tus impresiones para recordarlas en otro momento o contarlas en voz alta y dejarlas grabadas. Pero sólo si te apetece.

Sé consciente de que, a pesar de que hayas estado tres horas tumbado en el suelo, has realizado un notable esfuerzo físico, así que es importante que después de la sesión te lo tomes con calma. Nada de ir al gimnasio o a una fiesta. Quédate tranquilo en casa, recupera la energía y aprovecha el tiempo para pensar con tranquilidad. Es posible que hayas experimentado cosas un poco chocantes, así que date un poco de tiempo para digerirlas. Por la misma regla de tres, puede que no hayas experimentado nada fuera de lo ordinario. Eso también es normal: para este tipo de experiencias de nivel de concentración tan elevado a veces se requiere un poco de práctica.

Advertencia

Al tratarse de una técnica que puede implicar experiencias intensas, tanto físicas como mentales, no se recomienda su práctica a mujeres embarazadas, personas con serios problemas cardiovasculares, hipertensión grave, cirugías recientes, epilepsia o enfermedades infecciosas importantes. En cualquier caso, si se desea probar la respiración holotrópica, es aconsejable consultarlo con un médico de cabecera.

12

Proyección psíquica

«No creas en algo porque lo has oído. No creas en las tradiciones
porque han sido transmitidas por muchas generaciones.
No creas en algo porque lo dicen o lo rumorean muchos.
No creas en algo porque está escrito en tus libros religiosos.
No creas en algo por la mera autoridad de tus maestros y mayores.
Pero, después de la observación y el análisis, cuando descubras
que algo concuerda con la razón y conduce al bien y al beneficio
de uno y de todos, entonces acéptalo y vive de acuerdo con eso.»

SIDDHARTA GAUTAMA (S. V-IV A. C.)

Antes de partir

Más allá del plano físico al que estamos todos tan aferrados, existen otras dimensiones o planos de vibración, conscientes o inconscientes, que conforman la realidad universal, tanto en el
cosmos como en cada uno de los seres vivos. Religiones, corrientes filosóficas o doctrinas como el hinduismo, la alquimia o la
teosofía hacen referencia a los distintos planos, niveles, mundos
o dimensiones que conforman la estructura del universo.

La mayoría tendemos a relacionarnos con nuestra realidad desde el plano físico, aceptando únicamente como válido y real aquello
que percibimos con alguno de los cinco sentidos. Pero el ser huma-

no tiene otros sutiles vehículos para ingresar en planos alternativos de su misma realidad. Uno de ellos es el plano astral, dimensión en la que acostumbramos a penetrar durante los sueños (de hecho, un sueño es una vivencia a través de nuestro cuerpo astral) o a través de otras experiencias reveladoras, como la proyección psíquica.

Más popularmente conocida como «sueño astral», la proyección psíquica es un conjunto de experiencias adquiridas, ya sea a través de un estado de meditación profunda o un sueño lúcido, en forma de percepciones extrasensoriales y la separación del llamado «cuerpo astral» del cuerpo físico.

Un poco de historia

A la hora de analizar este proceso de desdoblamiento de los cuerpos físico y astral, existen dos corrientes teóricas. Por una parte está el enfoque místico que asegura que, durante la proyección psíquica, nuestro cuerpo astral se separa literalmente del cuerpo físico. Según este enfoque, el cuerpo sutil queda unido al cuerpo físico a través de un cordón de energía pero es capaz de romper las leyes de espacio y tiempo recorriendo niveles más avanzados del plano astral fuera del cuerpo físico real.

Por otra parte, el modelo escalonado planteado por el investigador de la fenomenología cuántica y transpersonal, Robert Monroe, plantea la idea de que el viaje astral es en realidad una conexión con otros planos de nuestra conciencia, sin que exista una separación o desdoblamiento. Monroe sostiene que, durante esta experiencia, la persona es capaz de percibir la realidad de otra manera, así como de conectar con otros niveles de conciencia y de memoria. Este investigador cree que, al experimentar una proyección psíquica, el sujeto escala en otra área de conciencia, algo parecido a lo que determinadas doctrinas como el budismo sostienen cuando se refieren a la realidad externa como un estado creado internamente.

Las personas que han experimentado dicha proyección coinciden en describir la sensación de hallarse en un lugar donde no existen las leyes normales de la física, pudiendo saltar del pasado al presente o al futuro, flotar, atravesar objetos y experimentar sensaciones emocionalmente muy intensas.

Itinerario recomendado: La técnica de Monroe

En 1958, el investigador Robert Monroe estableció un método para conseguir la proyección psíquica. Han pasado muchos años, pero la técnica Monroe sigue siendo una de las más utilizadas a la hora de establecer el desdoblamiento del cuerpo físico y del astral.

♦ Para empezar, recomienda vestirse con prendas muy cómodas y tumbarse en la cama manteniendo la habitación en penumbra y con una temperatura agradable.

A continuación, se inician los ejercicios de meditación, manteniendo la atención mental en una imagen simple y poco elaborada, como por ejemplo una puesta de sol, un paisaje nevado, un campo de girasoles, etc.

♦ La respiración también es importante para acallar los pensamientos y entrar en un estado de relax. Debe ser una respiración profunda y abdominal. Para ello, inhala llevando el aire hacia tu vientre, haciendo que se hinche poco a poco. Seguidamente, mantén el aire con el abdomen inflamado durante un par de segundos y luego exhala lentamente, observando cómo el abdomen se deshincha poco a poco volviendo a su estado normal.

Repite veinte veces la respiración focalizando la atención en la imagen mental hasta que vayas entrando en la fase de la primera ensoñación.

◆ Justo cuando percibas que estás a punto de dormirte, imagina un punto de luz situado a un palmo de tu frente. Cuando empieces a verlo con más claridad, sitúalo a medio metro de distancia y luego a un metro. Mentalmente, dibuja una línea imaginaria que te una al punto luminoso imaginado.

◆ Sin dejar de prestar atención a la luz, siente tu cuerpo de pies a cabeza y empieza a imaginar que estás flotando. Ahora es el momento de mantener la concentración máxima en el punto luminoso mientras sientes que tu conciencia se expande saliendo de tu cuerpo físico.

◆ A partir de aquí, Monroe invita a la persona a disfrutar de la experiencia e imaginar escenarios, dimensiones, paisajes y situaciones placenteras, dejándose llevar sin miedo al igual que sucede en los sueños lúcidos.

◆ A la hora de regresar, el investigador afirma que basta con volver a visualizar el punto luminoso e ir imaginando que se acerca más y más hasta notar que el cuerpo físico ha regresado al plano real.

Recomendación: Guía tu sueño

Existe una técnica muy eficaz para aquellas personas que suelen despertarse a menudo durante la noche. Cuando esto te suceda, se recomienda mantener los ojos cerrados y empezar a imaginar el lugar al que quieres proyectar la mente, sin llegar a dormirte, y ordenar a la conciencia que te traslade hacia ese lugar.

Puede que al principio no tengas éxito, pero tras varias noches de práctica, seguramente conseguirás aparecer en el lugar imaginado cuando vuelvas a caer en un profundo sueño.

~~~~~~

Curiosidades: El viaje de Jung

En su obra *Recuerdos, sueños, pensamientos*, el médico y ensayista Carl G. Jung relata así su propia experiencia de proyección astral: «Me pareció como si me encontrase allá arriba en el espacio. Lejos de mí veía la esfera de la Tierra sumergida en una luz azul intensa. Veía el mar azul profundo y los continentes. Bajo mis pies, a lo lejos, estaba Ceilán, y ante mí estaba el subcontinente de la India. Mi campo de visión no abarcaba toda la Tierra, sin embargo, su forma esférica era claramente visible y sus contornos brillaban plateados a través de la maravillosa luz azul. En diversos lugares, la esfera terráquea parecía coloreada o manchada de verde oscuro como la plata oxidada. En la lejanía, había una amplia extensión: el desierto amarillo-rojizo de Arabia. Era como si allí la plata de la tierra hubiera adoptado una tonalidad amarillo-rojiza. Luego estaba el mar Rojo, y muy a lo lejos podía divisar todavía un cabo del Mediterráneo. Mi mirada se dirigía precisamente allí. Todo lo demás aparecía borroso nada más. También veía las montañas nevadas del Himalaya, pero allí estaba nublado o envuelto en vapor. Posteriormente, me informé de a qué altura debía encontrarme para poder alcanzar una visión de tal extensión. ¡Aproximadamente a unos mil quinientos kilómetros! La contemplación de la Tierra desde tal altura es lo más grandioso y más fascinante que he experimentado».

~~~~~~

13
Metacognición

«Yo es otro.»

Jean-Arthur Rimbaud (1854-1891)

Antes de partir

El término «metacognición» proviene del vocablo griego «*meta*», que significa más allá, y de la palabra latina «*cognocere*», que significa conocimiento. Este ir más allá del conocimiento integra un conjunto de estrategias y habilidades que permiten tomar conciencia y controlar los procesos cognitivos. Es decir, trabaja con la capacidad que tenemos de conocernos a nosotros mismos y de autorregular nuestro propio aprendizaje, siendo conscientes del funcionamiento de nuestra forma de aprender y de los factores que hacen que los resultados sean positivos o negativos.

Para entenderlo mejor, la metacognición se da, por ejemplo, cuando un estudiante es consciente de que extraer las ideas principales de un texto favorece su recuerdo durante el examen, o bien cuando un futbolista sabe en todo momento los movimientos que debe hacer para superar la defensa contraria sin ser consciente de cada uno de ellos.

Según el especialista en psicología cognitiva J. H. Flavell, «la metacognición hace referencia al conocimiento de los propios procesos cognitivos, de los resultados de estos procesos y de cualquier aspecto que se relacione con ellos. Por ejemplo: yo estoy implicado en la metacognición si advierto que me resulta más fácil aprender A (situación de aprendizaje) que B (situación de aprendizaje)».

El proceso de la metacognición puede desarrollarse a través de distintas herramientas de aprendizaje, como el uso de las inteligencias múltiples, la aplicación de la inteligencia emocional, los ejercicios de autoconocimiento o la terapia cognitiva basada en la atención plena. A través de dichas herramientas, la persona puede aplicar una serie de capacidades metacognitivas capaces de impactar a todos los niveles de su ser.

Por ejemplo, en el ámbito emocional, una persona es metacognitiva en función de la capacidad que tenga para *conocer* cuáles son sus estados emocionales más relevantes y frecuentes, esa energía vital que mueve, mantiene y dirige su conducta. En este sentido, el proceso metacognitivo puede ayudarte a percibir, valorar y expresar las emociones con mayor exactitud, así como a acceder y generar sentimientos que faciliten el pensamiento, entender las emociones y saber regularlas, además de promover el autoconocimiento y el crecimiento emocional e intelectual.

Y es que, tal y como sostiene el psicólogo estadounidense Daniel Goleman, «las emociones pueden ayudarnos a pensar con más claridad y a enfrentarnos con valentía a los problemas de la vida; y el pensamiento, a sentirnos más satisfechos y felices, a comprender mejor a los demás y a mantener unas relaciones interpersonales fluidas y armoniosas».

Parada obligatoria: Conciencia plena

La metacognición aporta una visión global sobre la propia forma de razonar. Así, las habilidades metacognitivas son aquéllas que utilizas continuamente en la vida cada vez que reflexionas acerca de tus pensamientos y de ti mismo, así como cuando te autodesvelas que hay otras formas de enfocar o leer la realidad.

Por ejemplo, una de las capacidades metacognitivas más habituales y que más fácilmente puedes desarrollar es la del descentramiento o la capacidad de tomar perspectiva, especialmente cuando los propios pensamientos y sentimientos están fuera de control, provocando situaciones de ansiedad, estrés o depresión, entre otros.

Esta estrategia de descentramiento o desidentificación permite afrontar experiencias negativas, tomadas como eventos mentales pasajeros, que pueden ser observadas desde un campo más amplio de conciencia, o lo que también se denomina «conciencia plena».

Según Miguel Ángel Vallejo Pareja, profesor de Terapia Cognitivo-Conductual de la Facultad de Psicología de la UNED, ésta se entiende como «una presencia plena y reflexiva a lo que sucede en el momento actual. Pretende que la persona se centre en el momento presente de un modo activo, procurando no interferir ni valorar lo que se siente o se percibe en cada momento. Como procedimiento terapéutico busca, ante todo, que los aspectos emocionales, y cualesquieras otros procesos de carácter no verbal, sean aceptados y vividos en su propia condición, sin ser evitados o intentar controlarlos. El control sobre sucesos incontrolables, sujetos a procedimiento automático, requiere de la mera experimentación y exposición natural con la menor interferencia posible».

Entre los principales elementos que caracterizan esta presencia plena destacan:

♦ Concentración en el momento presente (sentir las cosas tal como suceden, aceptando las experiencias y sensaciones tal como se dan).

♦ Apertura a la experiencia y a los hechos.

♦ Renuncia al control directo (consiste en experimentar las reacciones, sentimientos o emociones tal como son).

En general, se pasa de centrar la importancia sobre el contenido de los pensamientos a hacerlo sobre el distanciamiento o el descentramiento. Con esta habilidad metacognitiva, los pensamientos se consideran simplemente «pensamientos» más que elementos que necesariamente reflejan la realidad.

Posibles itinerarios: Hacer o ser

La mente opera principalmente de dos modos: hacer y ser.

El primero implica la experiencia metacognitiva de darse cuenta que las cosas no son como te gustaría que fuesen. Esto dispara automáticamente una serie de sentimientos negativos haciendo que tus pensamientos se focalicen en conseguir reducir la distancia entre el estado de insatisfacción presente y el estado deseado. Esto se lleva a cabo una y otra vez en la mente, olvidando experimentar lo que ocurre en el presente y perdiendo, con ello, su sentido más amplio.

Por otro lado, el modo *ser* consiste en aceptar y permitir lo que eres, sin ninguna presión inmediata para cambiarlo. En este modo, no existe la necesidad de reducir la distancia entre el estado real y lo deseado y, en consecuencia, se procesa el momento presente de forma más profunda, rica y amplia.

Actividades y ejercicios

A la hora de ejercitar la habilidad metacognitiva del descentramiento, técnicas como la meditación, la respiración consciente o la autosugestión son muy efectivas.

Según las *Técnicas de psicoterapia en base a la atención plena*, a cargo del profesor Moisés García Melón, se puede mantener la conciencia plena a diario con estos sencillos gestos:

◆ Antes de salir de la cama, dirige la atención hacia la respiración. Observa cinco respiraciones con plena conciencia.

◆ Registra los cambios en la postura. Sé consciente del modo en el que sientes el cuerpo y la mente cuando pasas de estar tumbado a estar incorporado. Y, después, compara el estar sentado con el proceso de ponerte de pie y caminar. Observa cada momento en el que realizas una transición de una postura a la siguiente.

◆ Al escuchar el tono del teléfono, el canto de un pájaro, un tren que pasa, una risa, el claxon de un coche, el viento o el sonido de una puerta que se cierra, hazlo con plena conciencia.

◆ A lo largo del día, dedica unos minutos a prestar atención a tu respiración. Observa cinco respiraciones con plena conciencia.

◆ Al comer o beber algo, tómate un momento y respira. Observa la comida con atención y percátate de lo que representa y de que es algo que nutre tu crecimiento. Céntrate en la comida y en el acto de comer: saboréala, huélela, mastícala y siente cómo entra en tu cuerpo para nutrirte y darte energía.

◆ Observa tu cuerpo mientras caminas o estás de pie. Dedica un momento a observar tu postura. Presta atención al contacto de tus zapatos con el suelo. Siente el aire en tu cara, tus brazos y tus piernas cuando caminas.

◆ Observa las actividades que realizas a diario, como limpiarte los dientes, lavarte las manos, peinarte, abrocharte los zapatos o trabajar. Lleva la conciencia plena a cada una de las actividades que realizas.

14
Hakomi

«Hakomi es parte de la tarea universal humana por entendernos
a nosotros mismos, para liberarnos del sufrimiento
innecesario que causa el desconocimiento de quiénes
somos y de cómo se sostiene el mundo.»

RON KURTZ (1934-2011)

Un poco de historia

Creado en 1977 por el psicoterapeuta Ron Kurtz, el llamado
«Método Experiencial Hakomi (HEM)» es una técnica de autoestudio que se centra en el cuerpo y que se fundamenta en la
práctica de la atención plena. Este camino de autodescubrimiento se establece mediante la realización de una serie de
ejercicios estructurados en cuatro niveles con el fin de ayudarnos a desarrollar una comunicación más efectiva con nuestro
yo interior.

El método Hakomi fue muy bien recibido en Estados Unidos, y en 1981 Kutz y sus discípulos más aventajados fundaron
el Hakomi Institute. Tres décadas después, hay centros con instructores certificados de Hakomi en los cinco continentes.

¿Qué es?

El método Hakomi se centra en el presente de la persona para desentrañar las posibles fuentes de estrés o conflictos interiores no resueltos. También trabaja con técnicas de evocación para hacer aflorar los bloqueos inconscientes de la persona.

La finalidad de este método es la realización personal, que cada persona sea consciente de cómo funciona su mente y entienda por qué responde del modo que responde a determinado estímulo. Se parte de la idea de que la comprensión es el primer paso para lograr el cambio.

En el método Hakomi, primero se practican ejercicios de visualización, concentración y meditación para así hacer aflorar los *indicadores* de los bloqueos mentales o conflictos no resueltos. Una vez que éstos han sido identificados, utilizando el *mindfulness* y técnicas de inteligencia emocional, se intenta que la persona encuentre una solución o mejora para sus situaciones de bloqueo. Cuando la persona las ha encontrado, debe ponerlas en práctica y, a base de repetición, construir hábitos nuevos que sustituyan los antiguos. Hábitos enfocados al crecimiento personal que impidan el autosabotaje.

Lugares de interés

El método Hakomi tiene unos principios que explican los orígenes de esta filosofía, que aúna principios orientales con herramientas occidentales, lo cual lo convierte en un método muy completo en todos los aspectos.

◆ **Mindfulness.** Una poderosa herramienta que ayuda a las personas en su camino al autodescubrimiento a través de estados de conciencia alerta. Es decir, sin meditación o estados hipnóticos. La clave es analizar ciertas acciones que realizamos de manera automática para que nos demos cuenta de dónde vienen estas acciones, qué significan para nosotros, cómo las perciben los demás y si ayudan o perjudican en nuestro crecimiento personal y espiritual. Y, al mismo tiempo, busca que la persona se relacione con su alrededor para que encuentre maneras harmoniosas de convivir con los demás.

- **No violencia.** El método Hakomi busca, por encima de todo, que la persona esté dispuesta y preparada para afrontar sus verdades interiores y los posibles caminos de autorrealización. Pero, en ocasiones, de manera voluntaria o involuntaria, las personas ponen resistencia a esta exploración tan íntima. En estos casos, el método busca que la persona explore únicamente cuando se sienta cómoda o con las metodologías que le resulten más naturales, porque aunque sólo haya un pequeño atisbo de duda, es posible que esta duda se convierta en otro bloqueo mental contra el que la persona deberá batallar.

- **Integración cuerpo-mente.** Este principio sostiene que el cuerpo y la mente juntos manifiestan y reflejan nuestras creencias sobre cómo es el mundo y cómo somos nosotros mismos, a veces de manera consciente y otras de forma inconsciente, y estas creencias determinan cómo vivimos y nos expresamos en la vida. El método Hakomi remarca la importancia de buscar la conexión consciente entre el cuerpo y la mente, a fin de explorar este material somático y sus orígenes, para ver de qué manera condicionan nuestra manera de ver el mundo.

◆ **Unidad.** El método Hakomi se basa en la idea de que las personas son seres completos formados por diversas partes que, al mismo tiempo, son partes de entes mayores. Y, por lo tanto, busca que la interdependencia entre las distintas partes del sistema, incluyendo relaciones físico-metabólicas, psicosomáticas, etc., sea lo más saludable posible. Y, al mismo tiempo, busca lo mismo para los sistemas interpersonales, familiares, culturales y sociales. Esto es, la suma de todas las partes.

◆ **Organicidad.** Como reza el dicho, «la naturaleza es sabia». Así que el método Hakomi busca que la persona sea consciente de que el cuerpo y la mente se dirigen y se corrigen en busca de la supervivencia. Y que no hay que luchar contra los procesos orgánicos de nuestro cuerpo y nuestra mente, sino encontrarlos e identificarlos para poder compararlos con los procesos que son adquiridos, es decir, aquellos sobre los que la persona puede actuar.

Itinerario recomendado

1. **Presencia amorosa.** Inspirado en el principio budista de la compasión, se propone alcanzar un estado mental de calmada asertividad a fin de crear un marco de autoconfianza y aceptación totales que permitan profundizar en el autoconocimiento.

    La mente es como un estanque de agua. Todo lo que se ve por encima y por debajo del agua es como tu conciencia. Si la superficie está agitada, no podrás ver su interior. En cambio, si el agua está en calma y aquietada, será más sencillo penetrar en la conciencia.

2. **Aquietando la mente.** Mediante técnicas de atención plena, el creador del método Hakomi sostiene que si puedes observar tu propia experiencia y no tratas de controlar lo que estás experimentando, si sencillamente permites que sucedan las cosas y las observas, serás capaz de descubrir aspectos que desconocías acerca de ti mismo. Mediante experiencias de atención plena, puedes descubrir pequeñas piezas de las estructuras interiores de tu mente, precisamente las cosas que hacen de ti quien eres.

Todos tenemos reacciones cotidianas basadas en percepciones erróneas, suposiciones, actitudes provenientes del pasado, creencias, etc. Todo ello nos aboca a hacer predicciones y a reaccionar de forma inapropiada.

¿De dónde proceden dichas ideas?

La gran mayoría son inconscientes, y la práctica de la atención plena resulta una técnica muy eficiente para que afloren y así poder percibir y responder de forma diferente. Según el neurobiólogo Francisco Varela, «la atención plena es un cambio de dirección de la atención del exterior al interior, un cambio en la calidad de la atención, que cambia de buscar algo a permitir que aparezca».

3. **Comunicación emocional.** El método Hakomi es un excelente sistema para aprender las habilidades clave en el desarrollo de capacidades como la inteligencia emocional. Ya lo decía Theodore Roosevelt: «El ingrediente más importante en la fórmula del éxito es saber cómo entenderse con la gente». Eso sí, teniendo en cuenta que el 90% de la comunicación entre las personas es no verbal. De ahí la importancia de saber reconocer esas señales a través de expresiones faciales, posturas corporales y gestos, el tono y el ritmo de la voz, etc.

4. Relaciones que sanan. Según este método, todos hemos sido heridos en el camino de amar y ser amados. El objetivo de este último ejercicio es aprender a detenerse y observar de forma amorosa y comprensiva qué te falta y qué necesitas para equilibrar el dar con el recibir. Es lo que en el método Hakomi se conoce como «experiencia faltante de nutrición emocional».

Actividades y ejercicios

Como habrás deducido, el método Hakomi es una terapia muy completa que requiere de un guía o psicólogo que haga de mentor por este complejo proceso con tantas fases. Aun así, me gustaría ofrecerte un ejercicio de autorrelajación que puede llevarte a tener algunas realizaciones personales.

Antes de empezar con esta sencilla práctica, es importante crear un ambiente relajante y sereno. Para ello, conviene elegir un momento del día tranquilo y asegurarse de no ser interrumpido.

Desconecta el móvil, deja la habitación en semipenumbra y ponte lo más cómodo posible: tumbado en la cama, recostado en el sofá o sentado en un tatami y en la posición del loto (es decir, en el suelo con los pies cruzados bajo los muslos). Si lo prefieres, puedes encender unas cuantas velas y poner algo de música suave. También es importante que el ambiente sea confortable y que no haga demasiado frío o calor. A continuación:

1. Inhala profundamente y contén la respiración contando hasta seis. Exhala despacio y repite esta operación durante cinco minutos.

2. Enfoca tus pensamientos en la mano derecha y cierra el puño con firmeza.

3. Fija la mirada hacia un punto determinado del techo y fuerza la vista hasta que sientas los párpados cansados. Cierra los ojos y descansa.

4. Inhala profundamente y contén la respiración contando hasta seis. Exhala despacio y repite esta operación durante cinco minutos.

5. Cierra el puño de la mano izquierda con firmeza. Mantén la presión durante diez segundos, abre la mano y estira los dedos liberando toda la tensión acumulada. Repite esta acción varias veces con ambas manos.

6. Tensa y relaja en su grado máximo la musculatura de la frente, los párpados, el cuello, los hombros, los brazos y las piernas, sin dejar de respirar de forma pausada. Concéntrate profundamente en la alternancia de pesadez y relajación.

7. Cierra los ojos y visualiza una imagen o escena agradable lo más profunda y detalladamente posible (una playa, un prado soleado, etc.).

8. Obsérvate en ese paisaje y deja que tu cuerpo y tu mente se integren en él.

15
Psicología transpersonal

«Una terrible sequía estaba devastando una parte de China. Los habitantes habían hecho todo lo que podían para conseguir que lloviera, pero nada les sirvió. Finalmente, decidieron llamar a un hacedor de lluvia.

»El hombre llegó en un carromato cubierto. Era un viejecillo apergaminado que cuando puso el pie en tierra olfateó el aire con cierto disgusto. Pidió que lo dejaran solo durante unos pocos días en una pequeña choza en las afueras del pueblo y que le depositaran las comidas ante la puerta.

»Durante tres días no tuvieron noticias de él, y después empezó no solamente a llover, sino también a nevar abundantemente, algo que jamás había sucedido en esa época del año. Impresionados, los aldeanos le preguntaron cómo había conseguido que lloviera y que nevara.

»El viejecillo dijo: "Yo vengo de un lugar donde la gente está equilibrada; están en el Tao, y por tanto el tiempo también está en orden. Pero tan pronto como llegué aquí, vi que la gente no estaba equilibrada, y me contagiaron. Entonces me quedé a solas hasta que estuve otra vez en el Tao, y naturalmente empezó a nevar".»

CARL JUNG (1875-1961)

Antes de partir

La realidad está ahí, es un hecho incuestionable. Y cada individuo se enfrenta a ella según el momento, el entorno y las circunstancias personales. Cómo adaptarse de forma satisfactoria a su naturaleza caótica y cambiante es el objetivo de un buen número de escuelas psicológicas que centran sus esfuerzos en el inconsciente, con el objetivo terapéutico de solucionar los conflictos derivados de esta relación desequilibrada con la realidad.

A medio camino entre las tradiciones espirituales y la metodología empírica, la psicología transpersonal es una técnica que, aunque reconoce que trabaja e integra estos conflictos, se centra específicamente en promover la evolución de la conciencia del individuo, ayudándolo a trascender su ego hasta alcanzar un nivel de unicidad universal, de ser uno con el todo, lo cual implica la expansión de la identidad más allá de lo personal y de la dimensión mente-ego.

Un poco de historia

La psicología transpersonal tiene sus orígenes a principios del siglo XX. Todo empezó en la Universidad de Edimburgo, cuando el psicólogo y profesor de la Universidad de Harvard William James dio una serie de conferencias allí. En estas conferencias, James enfocaba las experiencias religiosas (entendiéndose por experiencias religiosas los testimonios de gente que decía haber visto a Dios o a un ángel, etc.) desde el punto de vista psicológico, dejando al margen la fe y la religión. Por supuesto, semejante idea causó un gran revuelo en el debate entre religión y ciencia, pero, además, de allí salió el término «transpersonal», que fue una de las maneras que tuvo el profesor de explicar el tipo de conexión entre la mente del individuo y su visión divina.

A pesar de la aportación de James, Richard M. Burke, Carl G. Jung y Roberto Assagio son considerados los precursores de la psicología transpersonal moderna.

La psicología transpersonal como la entendemos hoy en día surgió como escuela de pensamiento en la década de los sesenta de la mano de psicólogos y psiquiatras como Stanislav Grof, Anthony Sutich, Miles Vich y Abraham Maslow. Estos profesionales opinaban que la psicología corriente pasaba por alto toda una serie de experiencias y fenómenos de la conciencia humana, y decidieron perseguir esa vertiente que, en su momento, rondaba lo esotérico, con tal de encontrar respuestas.

¿Qué es?

El término «transpersonal» significa «ir más allá de lo personal» o «trascender lo personal». La mayoría experimentamos nuestra realidad limitados por las barreras fisiológicas de nuestros sentidos y por las características físicas del entorno en sí. Ahora bien, si aprendemos a alcanzar un estado de conciencia transpersonal, nuestros sentidos fisiológicos se trascienden para percibir experiencias extrasensoriales. Según Stanislav Grof, uno de los fundadores de la psicología transpersonal e investigador pionero en el uso de los estados alterados de la conciencia, estas experiencias pueden dividirse en tres categorías:

1. **Más allá de las barreras del tiempo y el espacio.** La conciencia se expande hasta tal extremo que puedes identificarte con toda la humanidad en un sentimiento de hermandad

total. Trasciendes los límites del tiempo lineal y accedes a recuerdos significativos de vidas pasadas.

2. **La conciencia se expande** hasta poder encontrarte con entidades desencarnadas, guías espirituales, seres extraterrestres o habitantes de otros mundos. Incluso puedes identificarte con la Conciencia Cósmica Universal.

3. **Sincronicidad:** fenómenos en los que la mente influye sobre la materia, como son los encuentros aparentemente fortuitos con personas con las que tienes asuntos pendientes que arreglar.

Estas experiencias que implican una expansión o una ampliación de la conciencia más allá de las fronteras habituales del ego y más allá de las limitaciones del tiempo y/o espacio pueden vivenciarse a través de ejercicios de respiración holotrópica (*ver capítulo dedicado a la respiración holotrópica*) o técnicas como la imaginación activa, la meditación o la regresión hipnótica. Todas ellas tienen como punto de unión la vivencia de expansión de la conciencia y la experiencia de la totalidad a la que conducen.

Actividades y ejercicios

Como acabo de mencionar, el estado de conciencia requerido para aplicar la psicología transpersonal se puede conseguir con una variedad de métodos, algunos de los cuales ya han sido explicados en este libro. Pero voy a aprovechar la psicología transpersonal para compartir con vosotros un ejercicio de imaginación activa.

La imaginación activa fue desarrollada por Carl Jung como método para establecer un diálogo fértil entre el inconsciente y la persona en un estado de vigilia. La idea de esta técnica es tomar como punto de partida un sueño o un elemento de un sueño o una fantasía. Entonces hay que entrar en un estado meditativo, dejar que la imagen tome forma en la mente y permitir que el inconsciente la vaya desarrollando sin bloqueos ni impedimentos de la mente consciente. De esta forma, se puede acceder a elementos del subconsciente y tratar de entenderlos.

Según Jung, las fantasías, sueños o imágenes recurrentes son ideas que desean pasar al plano consciente, y con la imaginación activa se les da esta oportunidad. Además, la imaginación activa puede ser también una fuente de potencial creativo e inspirador para las personas con inclinaciones artísticas.

A continuación, presento un sencillo ejercicio de imaginación activa por si os interesa hurgar en vuestro inconsciente.

1. Lo primero es buscar un momento y un lugar tranquilos para empezar con la relajación. Como ya sabéis, es importante llevar ropa cómoda y evitar las distracciones. Siéntate o colócate reclinado en una posición cómoda y libre de tensiones. Cuando estés preparado, cierra los ojos y empieza a concentrarte en tu respiración. Sigue así hasta que logres un estado de calma total.

2. Como suele pasar, los pensamientos irán apareciendo y desapareciendo en tu mente. Normalmente buscamos dejarlos pasar sin prestarles atención, pero esta vez deberás concentrarte un poco en ellos. Me explico: la finalidad es que saques fotografías mentales de lo que vaya apareciendo por tu mente. Para ello, debes concentrarte pero no en exceso, porque si te concentras mucho en una imagen ésta pasará a

ocupar tus pensamientos y tu conciencia irremediablemente tratará de modificarla o controlarla. Ésa no es la finalidad del ejercicio. Lo que buscamos es sólo documentar lo que vemos.

Esto puede resultar un poco complicado, así que te aconsejo que empieces por observar algo de cada imagen y ya está. Por ejemplo: «El coche que veo es azul» y lo dejo pasar. «Es una serpiente con tres cabezas, pero no me detengo a contar cuántos ojos tiene.»

Algunas imágenes aparecerán una sola vez; otras serán recurrentes a medida que avanza el ejercicio, y cada vez podrás captar más detalles (qué clase de coche es, no tiene parabrisas, hay un hombre dentro, etc.).

Si en algún momento te concentras en exceso y notas que sales del estado meditativo, no te preocupes, date unos minutos y vuelve a empezar.

3. Es importante que aceptes las imágenes, sean lo que sean, sin prejuicios. Piensa que es como si estuvieras en el cine: te ponen una película y tú no tienes ningún control sobre lo que aparece en pantalla. Lo único que haces es captarlo y registrarlo en tu memoria.

4. Una vez tengas la imagen completa, con todos los detalles que hayas podido apreciar, registrada en tu cabeza, la próxima vez que aparezca trata de captar qué tipo de sentimiento o sensación te provoca. De nuevo, ten cuidado de no hundirte demasiado en ella, o tu mente saltará del estado de vigilia.

5. Cuando tengas suficiente información, puedes concentrarte abiertamente en esa imagen hasta que seas plenamente consciente. Y, cuando estés preparado, puedes abrir los ojos.

6. Por último, registra lo que has percibido tal y como lo ves en tu mente. Puedes hacerlo del modo que te resulte más natural: grabarte mientras lo cuentas en voz alta, escribirlo en una libreta o intentar plasmarlo en un dibujo. En cualquier caso, es muy importante que lo hagas poco después de haber terminado el ejercicio, porque los recuerdos estarán frescos en tu memoria. Por cierto, anota también qué sensaciones te ha provocado la imagen.

7. Cuando hayas terminado de registrarlo, apártalo de tu vista, y, un par de días o una semana después, vuelve a sacarlo y reflexiona sobre lo que ves y lo que crees que puede significar.

16
Pulsos binaurales

«Nada está inmóvil; todo se mueve; todo vibra.»

TERCER PRINCIPIO DEL KYBALIÓN

Antes de partir

El universo entero es vibración, es decir, sonido. El ser humano también forma parte de esa vibración universal que va desde los tonos más densos hasta los más sutiles. De hecho, desde los tiempos más remotos se tiene constancia del uso de la música y el sonido con una finalidad terapéutica y trascendente.

Algo que hace miles de años ya practicaban los aborígenes australianos tocando el *didgeridoo*, un arcaico instrumento de viento consistente en una rama de eucalipto vaciada longitudinalmente y de forma natural por las termitas, y a cuyo sonido se le atribuía el poder de sanar enfermedades y generar estados alterados de conciencia.

Los sacerdotes del antiguo Egipto eran expertos en utilizar el poder del sonido con la intención de reequilibrar los centros energéticos del cuerpo, y en la tradición hindú el sonido está considerado *giza-i-ruh*, o alimento para el alma.

Los aztecas también atribuían poderes trascendentes al sonido, de ahí que inventaran el palo de lluvia, que servía, por un lado, para invocar tormentas que regaran sus cultivos, pero también como herramienta de relajación.

Asimismo, el budismo tibetano aprecia su poder, considerando que cada ser y cada cosa tienen su propio sonido, que varía dependiendo de su estado en cada momento concreto.

Un poco de historia

Algunos sonidos, melodías y patrones rítmicos son capaces de facilitar determinados estados de conciencia mediante la modificación de las ondas cerebrales al escucharlos. Es el caso de los llamados «pulsos binaurales».

Antes que una herramienta que facilita la entrada en ciertos estados meditativos, los pulsos binaurales son un fenómeno físico que fue descubierto en 1839 por el meteorólogo y físico alemán Heinrich Wilhelm Dove.

Dove descubrió que si reproducía de manera independiente dos pulsaciones de baja frecuencia de tonos ligeramente distintos, dirigiendo cada uno hacia un oído, el cerebro se encargaba automáticamente de unir ambos tonos y convertirlos en un único sonido.

Pero tendrían que pasar casi ciento cincuenta años para que el descubrimiento de este físico alemán volviera a ser tema de conversación. A finales del siglo xx, los pulsos binaurales empezaron a estar en boca de muchos gracias a las declaraciones de expertos y a seguidores de la medicina alternativa, que afirmaban que estos pulsos influyen en el cerebro, induciéndolo a generar ondas cerebrales capaces de producir una gran variedad de estados mentales como: relajación plena, estados alterados de conciencia, estados meditativos, sueños lúcidos, reducción de la ansiedad o incluso eliminación del dolor. Fue entonces cuando este fenómeno de la acústica dejó de ser una simple curiosidad para convertirse en una fuente de beneficios para la salud física y psíquica.

Los primeros en observar el efecto de los pulsos binaurales sobre la conciencia humana fueron el físico Thomas Warren Campbell y el ingeniero Dennis Mennerich, que estaban bajo la tutela de Robert Monroe, quien había dedicado toda su vida al mundo de la radio. Campbell y Mennerich buscaban reproducir una oscilación auditiva subjetiva que se había asociado con experiencias extracorporales. Sus resultados fueron tan buenos que Monroe fundó el Monroe Institute, un centro de documentación sobre los efectos beneficiosos de los pulsos binaurales que es hoy una organización sin ánimo de lucro.

Cómo llegar

Para generar estos pulsos deben darse una serie de circunstancias. Como ya he dicho, la clave es que se reproduzcan dos sonidos distintos de manera independiente. Esto se consigue solamente cuando la persona lleva auriculares, sólo entonces se puede conseguir la percepción auditiva independiente. Pero, además, los pulsos deben tener una frecuencia mínima de 1.000 Hz (hercios) para resultar perceptible y, lo más importante, la diferencia de tono entre ambos pulsos no puede ser superior a los 30 Hz. Si la diferencia es más alta, entonces el cerebro es capaz de percibir los dos sonidos como independientes y no como una vibración compleja, que es lo que pasa con los pulsos binaurales. Es esta vibración la que ayuda a alterar los estados de conciencia.

Sabías que... Ondas cerebrales

El cerebro emite diferentes tipos de ondas cerebrales, actividad eléctrica cuya frecuencia se mide en hercios. Producidas en estados de conciencia o no, tanto en vigilia como durante el sueño, las hay de varios tipos:

- **Ondas gamma.** Son las que están por encima de los 40 Hz y se manifiestan con actividad mental alta. La actividad alta incluye la percepción, la resolución de problemas y los estados de alerta.
- **Ondas beta.** Situadas entre los 13-40 Hz, son las más rápidas y se manifiestan cuando piensas y trabajas con normalidad. En esta fase, que es la más habitual, el cerebro permanece despierto y alerta; es el estado requerido para aquellas actividades que exigen concentración.
- **Ondas alfa.** Se sitúan entre los 8-13 Hz y se producen cuando relajas tu actividad mental. Son ondas más lentas que reflejan un estado de calma y de paz interior.
- **Ondas theta.** Entre los 4-8 MHz (megahercios), se asocian a estados de gran creatividad. Es el estado de relajación profunda al que se pretende llegar en las terapias de hipnosis.
- **Ondas delta.** Entre 0-1,4 MHz, son las ondas más lentas y sólo aparecen durante el sueño profundo o en estados de meditación avanzada. Si el cerebro se sincroniza con este tipo de ondas, es posible acceder a esta información y llevarla a la mente conscientemente para visualizarla.

Para variar un estado, la técnica de los pulsos binaurales propone escuchar una combinación de frecuencias determinadas a fin de inducir al cerebro a desarrollar aquella área de tu vida que quieras mejorar o reforzar.

Actividades y ejercicios

Los pulsos binaurales son ideales para acompañar una sesión de relajación o meditación. Y, si se está predispuesto, estos sonidos pueden ayudar a alcanzar trances meditativos. De hecho, son una buena herramienta para personas que han probado la meditación pero que tienen dificultades a la hora de vaciar la mente y llegar a los estados de vigilia.

El ejercicio es muy sencillo:

1. Busca una sala tranquila y sin ruidos exteriores. Ponte ropa cómoda y adopta una postura que te resulte agradable. Puedes sentarte o recostarte, lo que prefieras.

2. La clave de esta sesión es relajarte y, así como en muchos tipos de meditación debes centrarte en la respiración, en ésta se te pide que te concentres en los sonidos que escuchas. Cómo escuchar los sonidos es una parte esencial de la experiencia. Por lo tanto, necesitarás auriculares para conseguir el efecto deseado. Los mejores auriculares son los grandes que cubren toda la oreja, ya que los pequeños (del tipo reproductor de MP3) tienen una eficiencia menor.

3. Cuando estés listo, ponte los auriculares y empieza a reproducir la música. Cierra los ojos y concéntrate en los sonidos. Intenta encontrar un ritmo de respiración pausado que acompañe lo que oyes, como si buscaras que tu respiración bailara al son de la música binaural.

4. Si te concentras únicamente en los sonidos, notarás cómo, poco a poco, tu mente se va acallando de pensamientos y hasta empiezas a adormecerte.

5. Realiza sesiones de una media hora. Calcular la duración de los sonidos antes de empezar es una buena manera de controlar la duración de las sesiones.

6. Cuando paren los sonidos, espera un momento antes de abrir los ojos. Si te apetece, puedes anotar tus impresiones.

Hay CD o discos para MP3 de sesiones binaurales que se pueden conseguir fácilmente por Internet. Pero, además, los hay gratuitos en algunas páginas web. Por ejemplo, en Youtube se encuentran sesiones completas que puedes utilizar sin coste alguno.

Curiosidades

Según un estudio de Gerald Oster, las mujeres son más susceptibles y perciben mejor los pulsos binaurales cuando tienen la menstruación o durante la fase postovulatoria.

Además, Oster utilizaba los pulsos binaurales para ayudar a diagnosticar la enfermedad de Parkinson ya que, según sus investigaciones, las personas que la sufren no pueden percibir este efecto auditivo.

17

Magdalena de Proust

«Llegará un día que nuestros recuerdos serán nuestra riqueza.»

Paul Géraldy (1885-1983)

Un poco de historia

«Y muy pronto, abrumado por el triste día que había pasado y por la perspectiva de otro tan melancólico por venir, me llevé a los labios una cucharada de té en el que había depositado un trozo de magdalena. Pero en el mismo instante en que aquel trago, con las migas del bollo, tocó mi paladar, me estremecí, fija mi atención en algo extraordinario que ocurría en mi interior. Un placer delicioso me invadió, me aisló, sin noción de lo que lo causaba. Y él me convirtió las vicisitudes de la vida en indiferentes, sus desastres en inofensivos y su brevedad en ilusoria, todo del mismo modo que opera el amor, llenándose de una esencia preciosa; pero, mejor dicho, esa esencia no es que estuviera en mí, es que era yo mismo. Dejé de sentirme mediocre, contingente y mortal. ¿De dónde podría venirme aquella alegría tan fuerte? Me daba cuenta de que iba unida al sabor del té y del bollo, pero le excedía en mucho, y no debía ser de la misma naturaleza. ¿De dónde venía y qué significaba?»

Este fragmento es uno de los más conocidos y citados de *En busca del tiempo perdido*, obra en el que Marcel Proust relata la experiencia de lo que él mismo bautizaría como «la memoria involuntaria» al recordar su infancia en casa de su tía Léonie.

De hecho, el relato del autor francés es un ejemplo claro del llamado «condicionamiento clásico» o «pavloviano» (en honor a Iván Pávlov, que fue el primero en demostrarlo entre 1890 y 1900). En sus experimentos, el fisiólogo ruso observó que la salivación de los perros que utilizaba en sus experimentos se producía ante la presencia de comida o de los propios experimentadores, y luego determinó que podía ser resultado de una actividad psicológica. Esto llevó a Pávlov a desarrollar un método experimental para estudiar la adquisición de nuevas conexiones de estímulo-respuesta.

Curiosamente, pocos años después, en 1913, Proust publicó la novela que contiene el célebre pasaje de la magdalena y que parece directamente inspirado en las investigaciones de Pávlov.

Itinerario recomendado: Paseo por la memoria

Entendemos por memoria el conjunto de funciones mentales que permiten retener, reconocer y evocar información. Un conjunto organizado que incluye hasta cinco procesos esenciales:

1. **Estímulo y experiencia.** La magdalena proustiana es un ejemplo claro de ambos: el sabor del bollo genera y estimula la evocación de una experiencia, circunstancia o acontecimiento ya vivida por el autor.

2. **Consolidación y aprendizaje.** Según el modo en que se codifica la información, podemos hablar de memoria semánti-

ca, memoria operativa o memoria episódica. Recordar cómo atarse los cordones de los zapatos es un ejemplo de memoria operativa; saber que París es la capital de Francia depende de la memoria semántica, mientras que recordar el nombre de los compañeros de la infancia es una muestra de memoria episódica.

3. **Almacenamiento de la información.** La palabra «memoria» proviene del latín «*memini*», que significa grabar o incrustar. Está claro que todo acontecimiento, experiencia o aprendizaje deja cierta huella en el cerebro, una traza de información almacenada para ser recuperada en algún momento, ya sea de forma voluntaria o involuntaria.

Se sabe que disponemos de dos tipos de almacenes de memoria: uno de corto plazo y otro de largo plazo. El primero es el que usamos al memorizar un número de teléfono para marcarlo; es efímero y apenas puede retener entre cinco y diez ítems. En cambio, el almacén de largo plazo tiene una capacidad ilimitada y contiene todo aquello que podemos recordar a lo largo de la vida.

Hay sorprendentes ejemplos del increíble potencial de este gigantesco almacén, como demuestra el caso de Chao Lu, una estudiante de química que en 2005 batió el récord mundial al recitar de memoria, y durante veinticuatro horas y cuatro minutos consecutivos, un total de 67.890 decimales del número pi sin cometer ningún error.

4. **Recuperación de la información.** Es la evocación de sucesos, eventos o información almacenada en el pasado. Para recuperar estos datos, el cerebro utiliza dos procesos cognitivos muy diferentes. Por una parte está el reconocimiento, que ocurre de forma automática y que consiste en el recuerdo

sensorial o perceptivo ante estímulos que ya fueron procesados o experimentados. Por otro lado, está el proceso de rememoración: una búsqueda activa en los almacenes de la memoria, de tal manera que se recupera algo aprendido sin necesidad de estímulos actuales. El recuerdo del narrador en la obra de Proust es un caso paradigmático de reminiscencia. La recuperación de la información no incluye sólo el ítem o hecho relevante, sino que también tiene en cuenta el contexto que lo acompaña. Seguramente recuerdas qué hacías o con quién estabas el 11 de septiembre de 2001 durante el atentado de las Torres Gemelas en Nueva York. Es como si tu memoria hubiese tomado una foto del acontecimiento o enviara la orden de imprimir todas las circunstancias del suceso.

5. **Eliminación de la información.** El olvido es lo contrario del recuerdo, un proceso que supone la pérdida de cierta información una vez que ya ha sido consolidada en la memoria. Esto ocurre más habitualmente con la memoria episódica o semántica que con la operativa. Por ejemplo, es fácil olvidar una dirección postal o un hecho de tu infancia, pero es prácticamente imposible olvidar cómo montar en bicicleta una vez que hemos aprendido, aunque pasen muchos años sin practicar.

Advertencia: Recuerdos falsos

El recuerdo es una herramienta sencilla y eficiente a la hora de viajar hacia el yo interior. El pasado es una huella indeleble que te acompaña en forma de experiencia sensorial o vivencia, a la espera de que un momento determinado active de nuevo las conexiones necesarias y resucite esa vivencia en la mente.

Aunque muy posiblemente buena parte de esa evocación sea falsa. Parece ser que la mente humana tiende a crear recuerdos falsos. También altera el tiempo y procesa los pensamientos en función de las circunstancias y los agrupa creando una entelequia o quimera de nuestro propio yo.

Piensa en tu infancia. ¿Realmente todo sucedió tal como ahora percibes ese recuerdo? Seguramente no. Con el paso de los años, el pasado se va acomodando a las percepciones presentes, mientras que la forma de percibir actual también se ve alterada por las experiencias pasadas.

Tus recuerdos son como una moneda de dos caras. Algo que saben bien los *shuar*, un pueblo indígena de la Amazonia más conocido con el nombre de «jíbaros». Este colectivo sólo dispone de la tradición oral para conocer su propia historia. Cuando un narrador de la tribu termina de contar un relato acerca del pasado colectivo, se aleja enseguida de los oyentes a fin de evitar las llamadas «preguntas engendradoras de mentiras». Y es que, cada vez que evocas un recuerdo, tu yo del presente interroga a tu yo del pasado, pero en realidad quien formula y responde siempre es el primero, con la consiguiente distorsión de la realidad.

El psicólogo Daniel Schacter llama a este engañoso mecanismo «pecado de propensión», o la tendencia que tenemos a reconstruir el pasado para que encaje con las necesidades y opiniones del presente con el absoluto protagonismo del yo en la organización y en la participación de lo vivido.

Actividades y ejercicios

La memoria es como una biblioteca desordenada: tienes montones de libros, revistas, canciones, películas, además de una gran cantidad de información de dudosa utilidad almacenados en una sala que nadie se ha molestado en ordenar ni limpiar nunca. Cuando tienes que meter cosas nuevas, las dejas en cualquier sitio, excepto aquellos materiales de consulta que usas muy frecuentemente; esos los dejas cerca de la puerta al alcance de la mano. Pero, claro, en ocasiones necesitas recuperar algo que almacenaste hace tiempo. Tú sabes que está allí dentro pero no tienes ni idea de cuál es su localización exacta. Es entonces cuando los mecanismos de recuperación de recuerdos resultan tremendamente útiles.

Este ejercicio requiere algunos pasos previos, pero activar la memoria es una actividad que siempre vale la pena para el turista interior.

- ◆ **Preparación.** Para acceder a tu memoria remota, tu mente debe estar en lo que se conoce como «nivel alfa» de conciencia, que es un estado de semiensoñación como los estados meditativos.

- ◆ **Nivel alfa.** Cuando te despiertes por la mañana, quédate tumbado en la cama, pero pon el despertador quince minutos después por si te quedaras dormido. Entonces cierra los párpados completamente, pero coloca a tus ojos arriba (es decir como si teniendo los ojos abiertos quisieras mirar hacia arriba). Esta posición de los ojos induce el nivel alfa en las ondas cerebrales. Acto seguido, empieza a contar desde 100 hasta 1, concentrándote únicamente en la cuenta atrás. Al llegar al uno, te encontrarás en el nivel alfa.

  Es mejor hacer este ejercicio por la mañana porque, por algún motivo, resulta más sencillo activar este nivel de conciencia. Debes repetir este ejercicio cada mañana durante diez días. Los siguientes diez días, cuenta sólo de 50 a 1. Después, de 25 a 1. Otros diez días y pasas a contar de 10 a 1. Y, por último, de 5 a 1. Para entonces, tendrás el hábito interiorizado y te costará muy poco entrar al nivel alfa.

Para salir de él, debes revertir la operación, o sea contar del 1 al 5.

◆ **Pantalla mental.** La pantalla mental es una herramienta para fijar la visualización y recuperación de recuerdos y hacerla lo más efectiva y rápida posible.

Mientras vas interiorizando el proceso para llegar al nivel alfa, puedes aprovechar para diseñar tu pantalla mental. Cuando hayas llegado al uno y estés en alfa, imagina una pantalla frente a ti que ocupe una gran parte de tu campo visual mental. Debes imaginar que se encuentra a un par de metros de ti. Y debes interiorizar la imagen para que cada vez que llegues al nivel alfa puedas visualizarla y usarla como punto de partida para tu exploración de recuerdos. A medida que vayan pasando los días, ve definiéndola más y más hasta que te resulte lo más real posible. Así, para cuando termines con tu interiorización del nivel alfa también tendrás la pantalla lista.

◆ **Recuperación de memorias olvidadas.** Para empezar debes entender que nada de lo que haya entrado en tu memoria puede desaparecer. Es posible que se hayan perdido elementos que en su momento no fijaste pero siempre quedará parte de esa experiencia. El problema es acceder a ella.

La clave es la siguiente: buscar una conexión con ese recuerdo. Si estuviéramos de nuevo en la biblioteca, podríamos decir que si estás buscando información sobre Praga, irías a la sección de geografía. Así en vez de tener que buscar entre decenas de miles de libros, sólo tendrías que hacerlo en un centenar. Con los recuerdos olvidados pasa lo mismo.

Debemos facilitárselo un poco a la memoria. Dale una conexión, un evento relacionado, una persona que estuviera involucrada, un momento determinado.

Cuando lo tengas, colócalo en la pantalla mental y deja que los recuerdos se reproduzcan allí como si fuera una película. Es muy probable que encuentres una pista o, si tienes suerte, el recuerdo concreto que buscas.

Debes entender que el cerebro es un músculo más y que, por lo tanto, necesita ejercicio y entrenamiento constante. Recuerda también que, igual que unas abdominales de anuncio de ropa interior llevan tiempo, la recuperación de recuerdos olvidados no se consigue con dos días de gimnasio. Así que tómatelo con calma. Poco a poco, si ejercitas seriamente, verás resultados.

18
Método paranoico-crítico

«Mientras estamos dormidos en este mundo,
estamos despiertos en el otro.»

Salvador Dalí (1904-1989)

Antes de partir

La paranoia es un estado mental en el que los pensamientos y los miedos propios son atribuidos a la presencia de un otro que se considera externo, provocando la proyección de la realidad interior en el mundo exterior.

Salvador Dalí se sintió fuertemente atraído por la habilidad que la paranoia ofrece de transmitir al cerebro enlaces entre objetos que, en una visión hecha con los ojos de la racionalidad, no tienen conexiones aparentes. De hecho, se autodiagnosticó paranoico y creó el célebre método paranoico-crítico.

Un poco de historia

Descrito por primera vez en 1930 a través del artículo «El burro podrido», Dalí lo definió como «un método espontáneo de conocimiento irracional basado en la asociación interpretativa-crítica de los fenómenos delirantes». Estas imágenes inconscientes o delirantes son fruto de las obsesiones personales que conforman el mundo interior del artista. Imágenes que toda mente encierra y que provocan un cambio radical en nuestra forma de relacionarnos con la realidad.

Dalí estaba fascinado con los mecanismos internos de los fenómenos paranoicos, y se planteó la posibilidad de crear un método basado en el poder repentino de las asociaciones sistemáticas propias de la paranoia. Este método se convertiría en una síntesis delirante-crítica que denominaría «actividad paranoico-crítica».

Según la teoría clásica, el delirio paranoico es una consecuencia de un error de juicio frente a la realidad y, por tanto, de una interpretación falsa. En cambio, Dalí decidió basarse en una escuela de pensamiento alternativa que sugería que el origen de la paranoia está en una alucinación. La interpretación y el delirio no son dos momentos consecutivos sino coincidentes.

Por lo tanto, los planteamientos de Dalí son dos: que hay una conexión entre el origen alucinatorio y la coincidencia entre interpretación y delirio; y que la paranoia otorga verdadera potencia creativa.

Dalí destaca que el método paranoico-crítico es una actividad espontánea de conocimiento irracional, y está basado en la asociación interpretativa-crítica de los fenómenos delirantes. Lo que muchos consideraban una patología mental Dalí lo utilizó como una forma de acceder al entendimiento y a la creación. Y, aunque muchos no le daban crédito, otros artistas adoptaron el método paranoico-crítico con los brazos abiertos. Uno de ellos fue el escritor del surrealismo francés André Breton, que dijo: «Dalí ha dotado al surrealismo de un instrumento de primer orden en su especie, el método paranoico-crítico, que se mostró ya desde el principio capaz de aplicar indistintamente a la pintura, a la poesía, al cine, a la construcción de objetos surrealistas típicos, a la moda, a la escultura, a la historia del arte, e incluso, llegado el caso, a cualquier tipo de exégesis».

Itinerario paralelo

Años antes, Sigmund Freud ya había empezado a utilizar el término «proyección» para referirse al mecanismo de defensa que opera en situaciones de conflicto emocional o amenaza de origen interno o externo, atribuyendo a otras personas u objetos los sentimientos, impulsos o pensamientos propios que resultan inaceptables para el sujeto.

Aunque Freud lo atribuía a personas con tendencias paranoides, lo cierto es que este mecanismo opera también en ciertas formas de pensamiento completamente normales de la vida cotidiana. Esto se da, por ejemplo, cuando dejas que tu mundo interior tiña el externo con su propia configuración. Una situación fácil de comprender es la llamada «deformación profesional», que genera enfoques muy distintos de la realidad según el oficio o profesión que ejerzamos.

Otro ejemplo cotidiano de la proyección es el fenómeno psicológico conocido como «pareidolia». Se produce cuando un estímulo vago y aleatorio se percibe erróneamente como algo concreto. Ejemplos comunes de pareidolia son la visión de animales o rostros en la forma de las nubes, de rostros en las cimas de algunos cerros pedregosos, de personas o siluetas en el pavimento. También la audición de mensajes reconocibles en grabaciones en idiomas desconocidos o reproducidas al revés, o bien la visión de imágenes religiosas en objetos cotidianos (árboles, piedras, etc.).

Posible itinerario: Técnicas proyectivas

Existen varias técnicas proyectivas que pueden abrirnos el acceso a nuestro inconsciente. A través de una serie de estímulos, cualquier persona puede despertar su imaginación y observar sus respuestas como un fiel reflejo de sí misma. Y es que hacemos y decimos las cosas por algo, proyectando siempre lo que somos: nuestro origen, nuestras relaciones, nuestra cultura… De hecho, continuamente estamos proyectando lo que somos a través de nuestra forma de vestir, el peinado, las opiniones, etc.

Entre las principales técnicas proyectivas, destaca el test de Rorschach. Consiste en una serie de diez láminas (cinco acromáticas, tres cromáticas y dos de color negro y rojo) con manchas de tinta sin aparente sentido a las que se debe dotar de significado. Por ejemplo, la primera lámina se utiliza para detectar las preferencias sexuales; la cuarta, los niveles de ansiedad; la séptima, nuestra capacidad organizativa, y la décima, las actitudes inconscientes.

Existe una sencilla aplicación para iPhone llamada Rorschach test con la que puedes poner en práctica este test y descubrir algo más de tu yo interior.

Actividades y ejercicios

Como hemos visto, Dalí utilizaba, de un modo más exagerado, conexiones inexistentes para crear. Estas asociaciones hacían que en sus obras objetos que no tenían nada que ver los unos con los otros aparecieran unidos de forma orgánica. Surgían del propio Dalí, de su interior. Eran ideas en su estado más puro, sin pasar por el filtro de la conciencia que tiene en cuenta leyes de la física, la adecuación social, etc.

Estas experiencias pueden resultar un poco perturbadoras, pero también son liberadoras y, sobre todo, una gran oportunidad para aprender de nosotros mismos. Por eso, a continuación, te propongo un ejercicio de asociación libre para invitarte a pasear por el lado oculto de tu mente con la finalidad de descubrir o redescubrir cosas que quizá no habías asociado nunca a tu persona.

La cascada de pensamientos

♦ Para hacerlo, necesitarás un poco de intimidad y una grabadora o similar (la mayoría de los teléfonos móviles y ordenadores llevan grabadora de sonidos incorporada).

♦ En una posición relajada, enciende la grabadora y déjala a un lado. Entonces, cierra los ojos y empieza a respirar profundamente. Deja que tu mente se centre en la respiración.

♦ Los pensamientos irán sucediéndose en tu mente. No debes concentrarte en ellos, pero cada vez que veas o percibas algo en tu mente, di una o dos palabras que definan lo que ves. Es importante no concentrarse demasiado para no estropear el carácter orgánico del ejercicio.

♦ Haz una sesión de una media hora y, cuando termines, apaga la grabadora y guárdala en un cajón.

♦ Una semana después, recupérala, y, en otro momento de tranquilidad, escucha tu grabación. Seguro que te aporta argumentos sobre los que reflexionar.

19
Psicología de la Gestalt

«Yo soy yo, Tú eres Tú.
Tú haces lo Tuyo, Yo hago lo Mío.
Yo no vine a este mundo para vivir
de acuerdo a tus expectativas.
Tú no viniste a este mundo para vivir
de acuerdo con mis expectativas.
Yo hago mi vida, Tú haces la tuya.
Si coincidimos, será maravilloso.
Si no, no hay nada que hacer.»

FRIEDRICH S. PERLS (1893-1970)

Un poco de historia

Surgida en Alemania a principios del siglo xx de la mano de Kurt Koffka, Wolfgang Köhler, Max Wertheimer y Kurt Lewin, la psicología de la Gestalt sostiene que el cerebro es holístico, paralelo, analógico y con tendencias de organización propia. Esto significa que el cerebro lo percibe todo como una totalidad. Es más, según los estudios de sus fundadores, el cerebro tiende a organizar toda la información que obtiene de la forma más simple posible y, al mismo tiempo, aglutina todos los elementos que, por uno u otro motivo, le parecen similares.

El axioma central de la psicología de la Gestalt es el siguiente:

«El todo es mayor que la suma de sus partes.» A nivel psicológico, esto significa que esta tendencia aglutinadora de nuestro cerebro influye en la forma en que pensamos, hasta el punto de convertir un pensamiento o recuerdo en la interpretación válida de *nuestro mundo*, y dicha interpretación sienta las bases de lo que llamamos «realidad».

Esta corriente de la psicología moderna sostiene que, conforme pasamos de niños a adultos, estas percepciones van convirtiéndose en totalidades cada vez más complejas a las que se incorporan nuevos elementos internos y externos a medida que los experimentamos. Estas totalidades forman un todo. Ese todo es nuestra manera de ver el mundo y responder a él. Es Gestalt.

¿Qué es?

Gestalt es un sustantivo alemán, de ahí que siempre se escriba en mayúscula incluso en textos en otras lenguas. Es una de esas palabras que no tiene un equivalente en muchos idiomas, pero que podríamos traducir como «forma», aunque también puede significar «configuración», «figura», «creación» o «estructura».

Según el Institut Gestalt de Barcelona, esta terapia parte de la premisa «aprender es, primero, vivir y experimentar», lo que la define como una metodología basada en la experiencia: *Su enfoque se orienta a que las personas consigan ser lo que realmente son, dando espacio a sus inclinaciones y diferentes personalida-*

des, aceptando todo eso e integrándolo en una vida valiosa y bien orientada. En la práctica, analiza cómo las personas contactan consigo mismas y su realidad, permaneciendo fuertes y equilibradas o bien interrumpiéndose, perdiendo vitalidad y acumulando asuntos sin resolver. Desde una profunda fe en los procesos naturales y autorregulados de los seres vivos, su proceso terapéutico permite restablecer la facultad de contactar de nuevo, de observar aspectos no reconocidos, de rescatar partes alienadas y, en resumen, de reapropiarse de la vida y de la capacidad de realización personal. De esta manera, el enfoque de la terapia cubre tanto la función de resolver los síntomas o problemas como la de ofrecer técnicas de crecimiento y desarrollo para desplegar actitudes saludables y de goce ante la vida.

La Gestalt se diferencia de otras terapias por tener unos objetivos bastante distintos. Uno de los más chocantes es que esta escuela no busca responder los *porqués*. En vez de eso, prefiere centrarse en los *cómo*, es decir, en las maneras en que la persona hace frente a su presente, a su realidad.

Otra de sus diferencias es que esta terapia exige que la persona que la realice se responsabilice de todos sus actos, pensamientos y emociones. Sólo así, siendo consciente de la verdad, con sus faltas e impurezas, se puede llegar al verdadero autoconocimiento.

Y, sobre todo, su objetivo más importante es conseguir que la persona descubra la función orgánica de sus acciones. Eso significa que aprenda a responder a preguntas como: «¿Para qué me estoy haciendo esto?», «¿qué estoy evitando?», etc. Al responder a este tipo de preguntas, la persona puede llegar a entender qué acciones realmente cumplen una función positiva y cuáles son simples cortinas de humo tras las que se esconde un conflicto no resuelto.

Itinerario obligatorio: Darse cuenta

La percepción es un concepto clave en la psicología de la Gestalt; de ahí la importancia que se le da al proceso de darse cuenta, una técnica básica de la llamada «terapia Gestalt» enfocada a desarrollar el potencial humano mediante procesos de autorrealización y crecimiento personal.

Se trata de una forma de autoconocimiento, un proceso de identificación con todo aquello que sientes y percibes, discriminando entre pensamientos, sensaciones y emociones. En definitiva, consiste en tener más conciencia de ti mismo, de tu particular manera de hacer las cosas y de atender constantemente lo que está pasando en ti. A partir de ese «darse cuenta», puedes establecer estrategias para tomar el control de lo que quieres y aprender con conciencia.

En general, el concepto «darse cuenta» significa aprender a percibir primero lo que pasa en ti, en tu cuerpo. Posteriormente, identificar los pensamientos. Después, separar los pensamientos de las sensaciones, y ponerlos en su sitio y entender cómo funcionan y qué los despierta.

Otra premisa importante de la psicología de la Gestalt es la homeostasis: el enfoque terapéutico según el cual tu organismo, en su sabiduría, hace intercambios con el ambiente para mantener su equilibrio tanto físico como psíquico y social. Según este convencimiento, cualquier organismo sano es capaz de detectar la necesidad más fuerte y de ponerse en movimiento para satisfacerla.

Actividad recomendada: La silla caliente

La terapia Gestalt tiene un gran número de ejercicios y prácticas que cubren un amplio espectro de temas. Uno de ellos es la gestión de las emociones.

La gestión de las emociones es la destreza que tiene cada persona para hacerles frente. Hay quien tiene muy buena gestión y sabe, instintivamente, cómo calmarse frente a los nervios o cómo disipar la rabia. En cambio, otras personas tienen serias dificultades para pensar con claridad cuando se sienten desbordadas por sus emociones.

Tener una buena gestión de las emociones es clave para la vida, pues, por desgracia, estamos constantemente a merced de lo que sentimos. A veces, el estrés nos lo causamos nosotros mismos, pero, en otras ocasiones, son factores externos los que provocan estos desbordes emocionales. Y, a menudo, estos factores externos tienen la forma de otros seres humanos.

Para aprender a lidiar mejor con conflictos interpersonales, la terapia Gestalt propone una actividad denominada «la silla caliente», que consiste en lo siguiente:

1. Busca un momento de tranquilidad y una habitación agradable donde te sientas bien. Es importante que cuando te propongas hacer este ejercicio estés tranquilo y sosegado y, sobre todo, en control de tus emociones.

2. Cuando estés preparado para empezar, coloca dos sillas una frente a la otra. Siéntate en una de ellas de manera que tu mirada esté centrada en la silla frente a ti.

3. Entonces, debes colocar mentalmente en la otra silla a la persona con la que tengas un conflicto o problema.

4. O también puedes colocarte a ti mismo frente a la silla, imaginando que la figura frente a ti es la personificación de algún aspecto propio que te genere conflictos internos o inquietud.

5. Cuando veas perfectamente a tu oponente, es el momento de entablar un diálogo (puede ser mental o bien hablar en voz alta, lo que te resulte más natural) con la silla vacía. Debes ser completamente honesto y exponer tus preocupaciones y, al tiempo que intentas ver las cosas desde la perspectiva contraria, siempre tener en mente como objetivo resolver el conflicto. O, si se trata de un conflicto contigo mismo, debes tener como finalidad la aceptación y comprensión de este aspecto que te genera rechazo.

Esta técnica pone en acción sentimientos y permite encontrarse con situaciones o personajes complejos para verlos en el aquí y ahora. De hecho, es una técnica idónea para lidiar con conflictos del pasado no resueltos, para conseguir esa sensación de finalización que nos permita pasar página y centrarnos en el ahora.

Por otra parte, facilita poner en juego un concepto clásico de la Gestalt: el perro de arriba y el perro de abajo. El perro de arriba identifica los deseos, necesidades y potencialidades; el de abajo identifica las excusas, pretextos y obstáculos que interpone. Cada emoción tiene su contraparte, cada historia tiene dos versiones, igual que el *yin* tiene el *yang*. Y en la unión de ambas partes se alcanza el Todo.

20
Viaje chamánico

«Toda persona que se atenga a su propia conciencia
allegará para sí lo excelente y conquistará la vida.»

Huehuetlahtolli

Un poco de historia

Considerado como el antecedente de todas las religiones orga-
nizadas, el chamanismo es un antiquísimo grupo de prácticas y
creencias tradicionales. Pero si vamos a la raíz de la palabra
«chamán», la pista nos lleva a los curanderos de las áreas túrqui-
cas-mongolas, como Siberia y Mongolia. Y es que el término
procede del túrquico-tugú «saman», que significa «el que sabe».

El chamanismo se practica en los cinco continentes, pero
comparte una serie de creencias entre las que destaca la concepción del universo en tres mundos: el mundo superior (en el que
habitan los espíritus superiores), el mundo intermedio (donde
viven los seres humanos) y el mundo subterráneo (habitado por
los guías espirituales). El chamán puede moverse entre los tres
mundos, interconectados entre sí.

Esta capacidad puede llegar a ser dominada aprendiendo a
bucear en tu interior en busca de la fuerza que llevas dentro.

¿Qué es?

El viaje chamánico es una excelente herramienta para alcanzar estados no ordinarios de conciencia y explorar los diversos niveles del inconsciente individual.

Según la antropóloga Erika Bourguignon, un estado alterado de conciencia es aquél en el que ocurren uno o varios cambios psicológicos o fisiológicos:

- Un cambio de percepción del tiempo, las formas, los colores y los brillos.
- Un cambio de percepción en el sonido y el movimiento.
- Un cambio de percepción en los gustos y los aromas.
- Un cambio de sensación del propio cuerpo, como las sensaciones de dolor, el calor o el frío, el tacto, etc.
- Un cambio en la memoria o en las nociones de la propia identidad.

Cómo llegar

Para alcanzar dicho estado mediante el viaje chamánico, además del uso de sustancias psicoactivas, que personalmente desapruebo, se utilizan diferentes técnicas, como la meditación profunda, la hiperventilación, la terapia holotrópica, la privación sensorial, el movimiento rítmico-repetitivo o la visualización, entre otras.

Soñar es otra herramienta eficaz para iniciarse en los viajes hacia otras realidades y experimentar vivencias que trascienden los límites de identidad individuales y nos acercan a la naturaleza última de la conciencia. Puede resultar útil, en este punto, consultar el capítulo en esta obra dedicado a los sueños lúcidos.

Por otra parte, la percusión rítmica de determinados tambores (como el tradicional *bodhram* irlandés) también facilita entrar en fase de trance, pues induce a la producción de ondas cerebrales alfa que facilitan un estado hipnótico sobre la mente y los pensamientos de la persona que lo escucha.

Asimismo, en las antiguas culturas mesoamericanas utilizaban el calor extremo para facilitar el trance y los estados chamánicos. Así que la sauna o el baño turco del gimnasio pueden resultar un excelente lugar para practicar sencillos ejercicios de meditación.

Sabías que...

Todas estas técnicas favorecedoras del trance son también eficaces herramientas a la hora de contactar con nuestro tótem, nagual o animal de poder.

Según el chamanismo, el mundo visible y real está frecuentado por una serie de fuerzas, energías o espíritus invisibles capaces de afectar a nuestro desarrollo en los planos físico y emocional. Como piedra angular de esta ancestral tradición, el tótem es el guía que puede guiarnos a través del viaje chamánico, una especie de espíritu protector con el que podemos contactar al autoinducirnos estados de profundo trance.

Jamie Sans, descendiente de la tribu *cherokee* y experta en cultura totémica, se refiere así a este mágico contacto con el animal de poder: «Cuando exhortas el poder de un animal, estás pidiendo ser envuelto en armonía completa con la fortaleza de la esencia de esa criatura. Adquirir comprensión de estos hermanos y hermanas es un proceso de curación, y debe ser abordado con humildad e intuición.

Ciertos aspectos de las lecciones dadas por estas criaturas han sido elegidos para reflejar las lecciones que cada espíritu necesita aprender. Éstas son las lecciones del ser humano, del ser vulnerable y de buscar la totalidad con todo lo que existe. Son parte del camino hacia el Poder. El Poder yace en la sabiduría y la comprensión del papel de uno en el Gran Misterio, y en honrar el hecho de que cada cosa viviente es un Maestro».

Actividades y ejercicios

Para los practicantes del chamanismo, lo más usual es hacer viajes guiados, en los que un chamán experimentado hace de guía y acompañante entre los planos. Estos acontecimientos requieren mucho tiempo, preparación y dedicación por parte de los interesados.

Afortunadamente, hay versiones simplificadas de estos viajes que uno puede hacer en casa. Ésta es una de ellas:

1. Antes de empezar, ten en cuenta que tienes que estar muy seguro y predispuesto. Si lo estás, adelante. Para este viaje necesitarás unas cuantas cosas: un quemador de incienso y barritas de incienso; un reproductor de música o un ordenador y auriculares, y una esterilla o alfombra sobre la que tumbarte.

2. Resérvate una hora de tranquilidad absoluta y una habitación que pueda quedar en completa oscuridad; si no consigues la oscuridad total, puedes cubrirte los ojos con una venda.

3. Antes de empezar con el viaje chamánico, debes entrar en un estado meditativo de mucha calma. Así que empieza sentándote y dedica unos cuantos minutos a relajar tu cuerpo y tu mente mediante respiraciones profundas. Cuando sientas que estás empezando a adormilarte, enciende el incienso, sujétalo entre tus manos unidas (como si rezaras) y muévelo a tu alrededor para que su aroma te impregne por completo. La finalidad del incienso es facilitar la desvinculación con el plano actual. El potente olor satura tu sentido del olfato con un aroma que tu mente no asocia al espacio en el que te encuentras, y eso facilita la transición. Cuando el olor esté a punto de saturarte, coloca el incienso en su quemador a unos centímetros de donde quedará tu cabeza cuando te tumbes.

4. Ahora es el momento de apagar las luces y quedar en completa oscuridad. Es importante que uses auriculares para aislarte completamente. Entonces, dale al *play* del reproductor de CD. La música no puede ser cualquiera, deben ser tambores chamánicos. Como el resto de los sonidos mencionados en este libro, se puede encontrar fácilmente en Internet.

    Los tambores chamánicos serán el canalizador de tu viaje y debes dejar que te lleven. El ritmo monótono de esta percusión es la que facilita que la mente entre en el estado de trance ideal para el viaje chamánico.

5. Con la música en tus oídos y el incienso a tu alrededor, túmbate en la alfombra o esterilla. Busca una postura cómoda pero tampoco excesivamente relajada (correrías el riesgo de quedarte dormido en plena sesión). Cierra los ojos y respira lo más profundamente posible. Acompasa tu

respiración a los tambores. Y deja que tu mente se concentre en esos sonidos.

6. Es el momento de empezar a visualizar. Imagina un pequeño haz de luz. Un haz de luz que parpadea al mismo ritmo que los tambores. Aparece con el primer «pum», desaparece con el siguiente y al tercero vuelve aparecer. Concéntrate en ese haz de luz y sus parpardeos.

7. Cuando lo tengas automáticamente interiorizado, deja que el haz de luz se vaya haciendo más grande. De nuevo, al ritmo del tambor.

8. Poco a poco, te darás cuenta de que el haz de luz no se está haciendo más grande, sino que se está acercando. Deja que se vaya acercando y expandiendo a tu alrededor.

9. Entonces, cuando lo tengas delante, verás que el haz de luz no era una simple luz, sino un túnel de luz. Un túnel que te invita a entrar. Permite que la luz te envuelva por completo y déjate arrastrar. En este punto, es posible que sientas que tu cuerpo se balancea o que sube o baja (similar a cuando subes a un ascensor); no te preocupes, es completamente normal.

10. El túnel de luz te llevará a un lugar nuevo. Verás una realidad parecida a la nuestra, pero es posible que, igual que sucede en los sueños, aquí puedas hacer cosas que son imposibles en la realidad. Es importante que te dejes llevar. No trates de controlar lo que ves ni de influirlo; simplemente, siéntate y disfruta como si fuera una montaña rusa.

11. Explora todo lo que quieras hasta que te apetezca regresar. Para hacerlo, fíjate realmente en lo que ves a tu alrededor y compáralo con una imagen real. Por ejemplo, piensa en la habitación en la que estás tumbado, en los muebles, en las cosas que hay allí, en qué aspecto tiene con la luz encendida, y entonces desea ir allí. El túnel de luz te devolverá de nuevo al punto de inicio. Entonces sólo hará falta que vayas tomando conciencia de que estás tumbado en una habitación, y deja que los pensamientos empiecen a invadir tu mente.

12. Cuando te sientas lo suficientemente despierto, abre los ojos y quítate los auriculares. Permanece tumbado unos momentos antes de levantarte.

21
Ho'oponopono

«Yo vengo del vacío hacia la luz.
Yo soy el aliento que nutre la vida.
Yo soy ese vacío, ese silencio más allá de toda conciencia,
el Yo, la Identidad, el Absoluto.
Yo dibujo mi arco iris a través de las aguas,
la transformación de la mente en materia.
Yo soy la inspiración y la espiración del aliento,
la brisa intocable e invisible,
el átomo indivisible de la Creación.
Yo soy el Yo.»

MORRNAH NALAMAKU SIMEONA (1913-1992)

Antes de empezar

«El Ho'oponopono es un antiguo método de sanación hawaiano, una herramienta de conciliación y resolución de conflictos a través de las palabras, que se utiliza para alcanzar la paz interior y la armonía en las relaciones basado en el amor y el perdón. Es un sistema de limpieza de los datos que se encuentran alojados en nuestra mente subconsciente en forma de ideas, programas, creencias y prejuicios que nos causan malestar, preocupación, estrés o enfermedad, por medio del arrepentimiento y el perdón. Es un instrumento de conciencia que nos permite llegar a conocer cuál es nuestra responsabilidad personal en aquellos acontecimientos de la vida que nos provocan dolor o sufrimiento.» Así describe la doctora M.ª Carmen Martínez Tomás, autora del libro *Ho'oponopono. Lo siento, perdóname, te amo*, esta técnica originaria de la isla de Hawái e inspirada en la antigua filosofía de los kahuna, chamanes originarios de esta remota isla.

Paradas obligatorias: Cuatro palabras sanadoras

Todos cargamos con recuerdos dolorosos, experiencias traumáticas, ya sea en el ámbito personal, laboral, familiar... Un peso que va acompañado de los consiguientes pensamientos y sentimientos de angustia, temor, desconfianza, etc.

Lo que propone el Ho'oponopono, palabra hawaiana que significa «enmendar un error», es básicamente limpiar esas cargas del pasado dejando el ego a un lado y aceptando nuestra responsabilidad como creadores de esos errores. Y, para hacerlo, propone simplemente recitar las llamadas «cuatro palabras sanadoras»: «Lo siento», «perdóname», «te amo» y «gracias», dirigiéndolas hacia una persona o situación que nos cause ansiedad, preocupación o sufrimiento.

Si se pronuncia con sinceridad y amor, este mantra sanador dirigido a lo que en Ho'oponopono se denomina «alma», «divina presencia» o «yo superior», limpia esa parte de nosotros que ha creado la realidad dolorosa, pues dicha técnica se inspira en la ley del Uno, según la cual todo está unido en el universo, la separación no existe y todos estamos relacionados a través de un sutil campo de energía.

- En definitiva, al decir «**lo siento**», lo que estás haciendo es reconocer que eres parte del problema o conflicto y que lamentas la situación que has provocado.

- Al decir «**perdóname**», planteas tu responsabilidad en el problema y pides a tu propia divinidad o alma que te perdone.

- Al decir «**te amo**», cambias la energía negativa por la positiva desbloqueándola para que vuelva a fluir.

- Y, al terminar con la palabra «**gracias**», das a entender que agradeces a tu divinidad la oportunidad que te ha dado de vivir esta experiencia y mostrarte lo que debías limpiar.

Un poco de historia

Originariamente, esta técnica se realizaba de forma colectiva. En su forma tradicional, el Ho'oponopono se celebraba en familia y cada miembro aprovechaba para solicitar o conceder el perdón al resto de los familiares. Con la ayuda de un *kahuna* que hacía de moderador, el grupo compartía sus faltas, recibía y concedía el perdón. Cuando finalmente se habían resuelto los distintos conflictos, se cerraba el ritual con una oración y la armonía del grupo quedaba totalmente restablecida.

Para adaptarlo a los tiempos actuales, la *kahuna* Morrnah Nalamaku Simeona adaptó y redefinió la técnica como Ho'oponopono Autoidentidad, haciendo que su práctica pudiera realizarse de forma individual. Según esta *kahuna*, la verdadera causa de nuestro sufrimiento reside en las memorias subconscientes. Cada persona es una suma total de sus experiencias, y eso hace que vivamos agobiados por el pasado.

Otro de los principales precursores del Ho'oponopono en Occidente ha sido el doctor Ihaleakala Hew Len. Este psicólogo hawaiano recibió la formación de la mano de Morrnah Nalamaku Simeona y un año después vivió una reveladora experiencia.

Corría el año 1983 y Len trabajaba como psicólogo clínico en el Hospital Estatal de Hawái. Tenía a su cargo un grupo de treinta pacientes ingresados por trastornos mentales. Ningún terapeuta del centro había conseguido resultados positivos con ellos hasta que Len revisó sus historiales y practicó Ho'oponopono con cada uno de ellos, asumiendo su propia responsabilidad, limpiando sus memorias, creencias y prejuicios respecto al problema mental de aquellas personas. De forma sorprendente y sin relacionarse directamente con los pacientes, éstos empezaron a mejorar ostensiblemente. Al cabo de unos meses, los enfermos que estaban inmovilizados recibieron el permiso para caminar libremente por el centro y los pacientes con tratamiento farmacológico empezaron a reducir sus dosis. Incluso algunos llegaron a ser dados de alta. Al cabo de cuatro años de trabajo, el pabellón fue clausurado al quedarse sin pacientes internos.

El doctor Len explica: «Cuando vi a toda aquella gente recluida en las habitaciones de aislamiento y físicamente reprimida, me percaté de la violencia física y verbal que había en aquel entorno. Dicha sensación me empujó a preguntarme a mí mismo qué había hecho para vivir una experiencia semejante. De esta forma, empecé a hacer limpieza de mi propia conciencia diciendo "lo siento", "te amo", "perdóname" y "gracias", una y otra vez».

Actividades y ejercicios

Así explicado, brevemente, el Ho'oponopono parece algo muy simple. Puede que algunos crean incluso que «dices cuatro palabritas y todo se arregla». Obviamente no es así. Pero está claro que hay maneras y maneras de decir cuatro palabras. Y nada mejor para ilustrarlo que cuatro máximas de esta ancestral tradición:

«Cuida tus palabras, éstas se transformarán en pensamientos.»

«Cuida tus pensamientos, éstos se transformarán en sentimientos.»

«Cuida tus sentimientos, éstos se transformarán en acciones.»

«Cuida tu acciones, éstas se transformarán en tu destino.»

Las palabras tienen mucho poder. En otros apartados hemos visto la fuerza de algunas afirmaciones para contrarrestar los bloqueos mentales, bloqueos que solemos empeorar con comentarios inocentes del tipo «esto a mí se me da fatal». El Ho'oponopono sostiene que las cuatro palabras sanadoras no lo son realmente si no están dotadas de un significado que las respalde.

Y en eso consiste el ejercicio, en hacer una reflexión e identificación de emociones y sentimientos.

- Retírate a un ambiente tranquilo. Dedica unos minutos a respirar y concentrarte en relajar todo tu cuerpo.

- Cuando estés preparado, coge una de las cuatro palabras sanadoras del Ho'oponopono; por ejemplo, «te amo». Visualízala en tu mente y deja que ocupe parte de tu concentración.

- A continuación, reflexiona sobre qué sentimiento es el más apropiado para acompañar la palabra que has seleccionado. Quizás es amor…

- Acto seguido, busca en tu subconsciente y evoca una situación en la que sintieras esa emoción.

- Cuando la tengas, déjala que invada tu mente, como has hecho antes con la palabra, hasta que la sientas como si la estuvieras experimentando ahora mismo.

- Finalmente, mientras experimentas esta emoción, di la palabra en voz alta. Repítela durante dos o tres minutos. Asóciala con la emoción.

- Debes repetir este proceso unas diez veces al día. Verás que cada vez tardas menos en visualizar la palabra y evocar el sentimiento.

- Debes hacer este ejercicio diariamente hasta que el hecho de pronunciar «te amo» venga acompañado por el calor de la emoción que le has asociado.

- Cuando el proceso esté completo, sigue con las otras palabras. Y entonces, cuando las palabras sean realmente honestas, puedes empezar a practicar Ho'oponopono para mejorar tu vida.

Este ejercicio no está restringido a estas cuatro palabras. Si ves que te resulta útil, puedes aplicarlo a cualquier idea o emoción que desees fortificar.

22

Cuencos tibetanos

«La armonía es el alma del mundo.»

PITÁGORAS DE SAMOS (580 A. C.–495 A. C.)

Un poco de historia

Existe una bella leyenda acerca de la creación de estos mágicos cuencos. La historia cuenta que, varios siglos atrás, un joven tibetano decidió renunciar a los bienes materiales y emprendió un camino para descubrir por sí solo la verdadera esencia de su ser. Abandonó a su familia, dejó atrás su casa y sus posesiones y ascendió hasta un remoto valle del Himalaya. Allí dio con una cueva bien protegida del viento y el frío donde se instaló con una vieja túnica, una cuchara y un cuenco de madera.

Durante mucho tiempo, el ermitaño practicó la meditación en absoluto silencio, observando atentamente el fluir de la naturaleza y el paso de las estaciones con la única compañía de algún pequeño animal y el sonido de un cercano riachuelo. Así pasaron los días, los meses e incluso los años, hasta que una mañana sintió una fuerte presión desde lo más profundo de su corazón.

Era una sensación desagradable, y tuvo la necesidad de gritar pero fue incapaz de emitir sonido alguno. Empezó a experimentar un dolor intenso, pero su garganta seguía en completo silencio. Fue entonces cuando apareció ante el joven un gran dragón amarillo. Paralizado por el miedo, el asceta permaneció inmóvil a pesar del dolor que atenazaba su corazón. De repente, la bestia lanzó una bocanada de fuego sobre el viejo cuenco de madera que el ermitaño utilizaba para alimentarse.

Extrañamente, el viejo cuenco permaneció inalterable, y, al apagarse las llamas, ya no era de madera sino que mostraba un aspecto reluciente y pulido, como recubierto de oro. El dragón miró fijamente al ermitaño y dijo: «Eres la persona que mejor ha sabido guardar los sonidos de la vida y de la muerte, del odio y del amor, de la oscuridad y de la luz. Por ello, en nombre de los dioses del conocimiento, te entrego este cuenco capaz de transmitir las sensaciones más agradables y llegar con su sonido a lo más profundo del alma y el corazón».

Desde entonces, los cuencos tibetanos se han utilizado como un humilde pero efectivo medio para alcanzar la armonía interior y favorecer una mejor integración con el entorno.

Itinerario recomendado

Según el filósofo y matemático griego Pitágoras de Samos, cada cuerpo celestial, cada átomo, produce un sonido particular debido a su movimiento, ritmo o vibración. Todos esos sonidos o vibraciones componen una armonía universal en la que cada elemento, sin perder su propia función y carácter, contribuye a la totalidad. Es decir que, tal como sostiene también el llamado «principio de resonancia», toda vibración tiene la capacidad de llegar más allá y provocar una vibración similar en otro cuerpo, en definitiva, de modificar su estado. Algo que podemos comprobar fácilmente al observar cómo una soprano es capaz de romper una copa de cristal con la frecuencia de resonancia de su aguda voz.

Tanto nuestro cuerpo físico como emocional, mental y espiritual vibra en una determinada frecuencia de onda energética. Cuando uno de estos planos sufre algún desequilibrio y está en disonancia con el resto, el conjunto de nuestro organismo pierde la armonía, la energía deja de fluir y se bloquea y aparecen los trastornos y las enfermedades.

El sonido armónico de los cuencos tibetanos provoca una serie de vibraciones complejas que, por el efecto de resonancia, son capaces de activar, y complementar nuestras vibraciones desarmónicas. Sus particulares frecuencias de sonido actúan como una fuente de armonización natural del organismo a todos los niveles.

Como terapia vibracional, los cuencos tibetanos ayudan a aflojar y liberar tensiones, disuelven bloqueos, equilibran los hemisferios del cerebro, relajan el sistema nervioso, ayudan a la reafirmación personal a la vez que favorecen una mejor relación con el entorno, aumentan el rendimiento del sistema inmunitario, descongestionan y aportan paz interior. Además, son un excelente complemento durante las prácticas de meditación o de cualquier otra técnica de autoconocimiento. Otros beneficios específicos de los cuencos tibetanos son la mejora en la capacidad de aprendizaje, la concentración y la memoria, la reducción de la ansiedad y del estrés, así como una mayor autoconciencia de los pensamientos y las acciones.

Las ondas vibracionales y armónicas de los cuencos tibetanos equilibran y armonizan por resonancia nuestra vibración personal. Además, cuando se tocan cerca o directamente sobre alguna parte del cuerpo, sus vibraciones sonoras se transmiten al fluido sanguíneo y a los órganos, pudiéndose utilizar también como terapia sanadora. Mientras suena el cuenco, se crea un efecto de concordancia entre éste y la persona que escucha, provocando en ella un estado de unidad y profunda paz, eliminando las malas energías y reemplazándolas por vibraciones positivas y renovadas.

Advertencia: Elegir bien

Para aprovechar su poder terapéutico, es importante utilizar el cuenco como es debido. No todo se reduce a hacerlo sonar y esperar los resultados.

Antes de recurrir a sus vibraciones sanadoras, se debe meditar profundamente acerca de los motivos que provocan ese bloqueo, esa desarmonía en tu interior. De esta forma, al trabajar con su sonido, las ondas vibratorias enseguida sintonizarán con el problema en cuestión.

La elección del cuenco debe ser algo muy personal. Para acertar con la vibración que mejor resonará con tu forma de ser, debes comparar varios modelos, cogerlos, tocarlos, escucharlos y, en definitiva, sentirlos.

Los hay de uno o varios metales, o con una base de aleaciones de distintos metales o en cuarzo.

Para hacerlos sonar existen dos técnicas:

- **Batido.** Se coloca el cuenco sobre la palma de la mano y con los dedos extendidos. Entonces, con la ayuda de una baqueta de madera, se bate su borde exterior.

- **Percusión.** Con la ayuda de una baqueta de goma o con la punta de algodón se percute el cuenco por fuera o por dentro.

Hay diferentes tipos de baquetas: terminadas en punta de goma, de madera, forradas de cuero o fieltro o terminadas en punta de algodón.

Actividades y ejercicios

Los cuencos tibetanos, pese a ser muy antiguos, últimamente se han puesto de moda. Esto se debe a que han empezado a utilizarse como herramientas de musicoterapia.

La musicoterapia es un tipo de terapia que aprovecha la música y los sonidos para el beneficio de sus practicantes. Hay recetas musicales para casi cualquier cosa y para personas de todas las edades.

Se me ha ocurrido que, como no podemos hacer ejercicios de cuencos tibetanos a través de un libro, podríamos hacer un ejercicio de musicoterapia; concretamente un ejercicio de percusión corporal.

La percusión corporal utiliza el cuerpo humano para generar música, sin recurrir a ningún otro instrumento musical. Se utiliza mucho para mejorar las habilidades de coordinación y sentido del ritmo de las personas, pero también ayuda a estar más en sintonía con nuestro propio cuerpo y las partes que lo forman. Además, como cualquier ejercicio relacionado con música, tiene el valor añadido de generar automáticamente cierta sensación de placidez e incluso alegría. Así que, ¡manos a la obra!

- **Ponte de pie,** en un lugar donde tengas un poco de espacio para moverte sin riesgo de romper ningún jarrón.

- **Primera fase 1-2-3:** da una palmada; después golpea ligeramente el pecho con la mano derecha y a continuación con la izquierda. Puedes contar por dentro si eso te ayuda. Cuando tengas el movimiento interiorizado, pasa al siguiente.

- **Segunda fase 1-2-3-4-5:** da una palmada; después golpea ligeramente el pecho con la mano derecha y a continuación con la izquierda; entonces golpea el muslo derecho con la mano derecha y el muslo izquierdo con la izquierda. De nuevo, repite esta serie hasta que la tengas automatizada.

◆ **Tercera fase 1-2-3-4-5-6-7:** da una palmada; después golpea ligeramente el pecho con la mano derecha y a continuación con la izquierda; golpea el muslo derecho con la mano derecha y el muslo izquierdo con la izquierda; a continuación, golpea la nalga derecha con la mano derecha y la nalga izquierda con la izquierda.

◆ **Cuarta fase 1-2-3-4-5-6-7-8-9:** da una palmada; después golpea ligeramente el pecho con la mano derecha y a continuación con la izquierda; golpea el muslo derecho con la mano derecha y el muslo izquierdo con la izquierda; a continuación, golpea la nalga derecha con la mano derecha y la nalga izquierda con la izquierda; entonces da un pisotón con el pie derecho y después otro con el izquierdo.

◆ **Quinta fase, 1-2-3-4-5-6-7-8-9-10:** da una palmada; después golpea ligeramente el pecho con la mano derecha y a continuación con la izquierda; golpea el muslo derecho con la mano derecha y el muslo izquierdo con la izquierda; a continuación, golpea la nalga derecha con la mano derecha y la nalga izquierda con la izquierda; entonces da un pisotón con el pie derecho y después otro con el izquierdo; y al final una última palmada que marca el fin del ejercicio.

Personalmente, a mí me gusta hacer este tipo de ejercicios cuando estoy ofuscada. Me ayudan mucho a vaciar la mente y desbloquearme. Espero que a vosotros también os resulte útil.

23
Mantras

«Si corriges tu mente, el resto de tu vida se armonizará.»

LAO TSÉ

Antes de partir

Un remolino de pensamientos moldea a diario tu mundo físico, tu realidad. Son como semillas que cultivas en la mente y que acaban germinando de forma positiva o negativa.

Acallar ese runrún es posible mediante el uso de los mantras, un recurso sencillo y efectivo para liberar la mente y conseguir que ésta juegue a tu favor. Muy utilizados en las prácticas de meditación, son sílabas, palabras o frases que se repiten para enfocar y sosegar la mente.

En voz alta o interiormente, esta repetición consciente produce una sutil y favorable vibración que tranquiliza la mente, disipa la energía negativa de los pensamientos y armoniza las emociones.

Entre sus principales beneficios destacan:

- Provocan cambios positivos en las regiones cerebrales relacionadas con la memoria, la autoconciencia, la empatía y el estrés.

- Combinados con la meditación, contribuyen a regenerar el sistema nervioso, inmunitario y hormonal.

- Canalizan los pensamientos y las emociones en beneficio de tu estado físico.

- Tranquilizan y relajan de forma persistente.

- Regulan los hemisferios cerebrales y contribuyen a una disminución natural del temor y las emociones abrumadoras.

- Crean la serenidad y concentración necesarias para fomentar la autoestima y afianzar la confianza en uno mismo y en los demás.

- Te alejan de los hábitos que sabotean tu paz interior: preocupación, pensar en el pasado, juzgar, criticar, culparse y dudar.

- Ayudan a concretar y a clarificar tus objetivos.

Un poco de historia

La palabra «mantra» proviene del sánscrito «*manas*» (mente) y «*tra*» (liberación). Un mantra es un conjunto de sílabas, palabras o frases sagradas (generalmente escritas y pronunciadas en sánscrito) que se utilizan en el hinduismo y el budismo para invocar a la divinidad o como punto de apoyo de prácticas de meditación.

Al recitar un mantra, se producen distintas vibraciones capaces de generar efectos sutiles tanto a nivel fisiológico como emocional y psíquico. En la práctica de la meditación, se utiliza para entrar en estados no ordinarios de conciencia. Al repetirlo sin esfuerzo, la mente de la persona además se abstrae y serena el remolino de pensamientos.

El mantra actúa de resonancia, obliga a la mente a relajarse y a entrar en niveles profundos de conciencia interior.

Itinerarios recomendados

- ◆ *Om shanti shanti shantihi* es un mantra de efecto calmante y liberador. Se recomienda recitarlo tres veces para desbloquear y liberar los obstáculos que impiden alcanzar un estado de paz a nivel interior (respecto a tus emociones, pensamientos y actos), exterior (en las relaciones con los demás y el mundo que te rodea) y trascendental (en tu relación con lo espiritual y el mundo extrasensorial).

- ◆ *Om ayurdhehi* es el primer verso del mantra vedanta *Ayurmantrah*. Tiene un especial poder a la hora de proteger la propia salud, así como mejorar el bienestar físico de quien lo escucha.

    Especialmente indicado para recitar a personas enfermas o convalecientes, se canta para obtener y regalar un estado de salud integral, claridad mental y estabilidad emocional.

- ◆ *Om mani padme hum* está considerado como uno de los mantras más célebres del budismo. Es un cántico armonizador y luminoso cuyo poder reside en abrir el corazón y expandir el sentimiento de agradecimiento, compasión y amor incondicional.

- ◆ *Om a ra pa ca na dhih* es un mantra asociado a Manjusri, un *bodhisattva* o ser iluminado por la sabiduría suprema en la doctrina filosófica budista. Recitarlo ayuda a conectar con la energía creativa, la inspiración y la comprensión.

- ***Om ah hum*** es un poderoso mantra de origen tibetano utilizado desde hace siglos para la purificación a todos los niveles: físico, emocional, mental y espiritual. Tres simples sílabas que también pueden pronunciarse para potenciar la intensidad de la meditación, acallar los pensamientos y preparar la mente para la concentración.

- ***Om Hrim Shri Lakshmi Bhyo Namah*** es un mantra consagrado a Laksmí, diosa hindú de la abundancia, el bienestar y la fortuna.

  Su especial vibración ayuda a controlar la propia proyección mental y canalizar nuestros pensamientos hacia la prosperidad.

Recomendación: Para los más pequeños

Al tratarse de una herramienta de efectos progresivos y con resultados a medio y largo plazo, resulta especialmente recomendable a la hora de serenar y calmar a los más pequeños de la casa. La cadencia y la armonía rítmica de los mantras son un excelente bálsamo para los niños. Su sonoridad es muy eficaz para tranquilizarlos, ayudarles a liberar tensiones y conciliar el sueño de forma original y divertida.

Actividades y ejercicios

Los mantras son, por supuesto, una herramienta perfecta para potenciar tu meditación. Por lo tanto, a continuación te propongo un ejercicio de meditación con mantras.

1. Para este tipo de meditación, necesitas un espacio libre de interrupciones y ruidos molestos, un lugar cómodo sobre el que sentarte y, si te apetece, algo de música de meditación para crear ambiente.

2. Siéntate en una postura que te resulte confortable, pero no olvides que la espalda tiene que estar recta. Puede ser la postura del loto, pero no es imprescindible.

3. Cierra los ojos y empieza a respirar profundamente, con inhalaciones que te lleguen hasta el estómago y exhalaciones que hagan que éste se contraiga sobre sí mismo.

4. Vacía la mente. Deja que los pensamientos vengan y se vayan, y concéntrate siempre en la respiración.

5. Cuando hayas alcanzado tu trance meditativo, será el momento de incluir los mantras. Debes empezar con el mantra universal Aum, que se pronuncia «om» y en el que el sonido de la «m» se prolonga tres tiempos. Acompasa los Aums con tus inhalaciones. Pasados unos minutos, puedes cambiar el Aum por un mantra que hayas escogido. Es importante que lo pronuncies con convicción, pero siempre haciendo que acompañe la respiración.

6. Cuando tengas la pronunciación del mantra interiorizada, verás que puede empezar a evocarte sensaciones y recuerdos. Acéptalos. Esta fase debe durar entre diez y quince minutos.

7. Para poner fin a la sesión, simplemente repite el mantra Aum tres veces, alargando su pronunciación lo máximo posible.

24
Focusing

«Lo difícil es percibir con todo el cuerpo,
no sólo con tus ojos y la razón.»

Carlos Castaneda (1925-1998)

Un poco de historia

El *focusing* empezó a gestarse en la Universidad de Boston en 1953 de la mano del filósofo experiencial y psicoterapeuta Eugene Gendlin. Gendlin dedicó quince años de investigación a analizar qué factores hacían que una psicoterapia tuviera éxito mientras que otra fracasaba. La conclusión a la que llegó fue que el éxito de una terapia no depende de la calidad del psicólogo o de sus herramientas, sino del comportamiento del paciente y, sobre todo, de lo que el paciente hace durante las sesiones. Y, a través de esta conclusión, empezó a investigar a los pacientes y descubrió que, sin excepción, todos los que habían tenido éxito en sus tratamientos se habían centrado instintivamente en las reacciones de su cuerpo frente a los conflictos que vivían.

De aquí, Gendlin sacó la máxima de que la conexión entre las respuestas del cuerpo y la mente es la clave para la resolución de conflictos personales.

La práctica de este recurso emocional, según el Instituto Español de Focusing (IEF), nos pone en contacto con nuestra sabiduría interior; nos permite crear una relación de comunicación y confianza con el cuerpo para poder oír la sabiduría interna a través de la conciencia corporal. Para ello nos propone crear lugares internos despejados y protegidos que amplían el espacio vital, para descansar incluso ante el fracaso y mantener la distancia adecuada con los problemas a fin de entenderlos y manejarlos mejor.

Itinerarios recomendados

Según este método, la simple atención continuada hacia las sensaciones corporales que causa un problema o preocupación ablandará progresivamente el bloqueo y liberará la energía emocional estancada.

Su principal objetivo es facilitar un diálogo entre mente y cuerpo para propiciar que el cerebro deje por unos minutos de controlar todo lo que le ocurre a la persona y focalice su atención en escuchar el lenguaje del cuerpo, recuperando así el equilibrio perdido.

La práctica del *focusing* se fundamenta especialmente en la comprensión del concepto que Gendlin bautizó como «sensación corporal sentida». Ésta hace referencia a esas sensaciones corporales difusas que acostumbran a estar estrechamente conectadas a determinadas experiencias de tu vida real o imaginaria. Son sensaciones que no han sido expresamente verbalizadas pero que dejan huella en nuestro cuerpo y nos indican que hay algún tipo de conflicto no resuelto.

Por ejemplo, si tienes algún problema con el jefe de la oficina y alguien te pregunta cómo te va en el trabajo, seguramente enseguida notarás que tu cuerpo reacciona con una sensación de malestar en forma de vacío en el estómago o con cierta arritmia en los latidos del corazón. Esa conexión es la sensación sentida.

Otra forma sencilla de experimentar este concepto es imaginarte que alguien a quien te encantaría ver ahora mismo está a punto de entrar por la puerta. Compara la sensación corporal que notas ante la inminente visita del ser querido con la de estar esperando a alguien a quien preferirías no ver nunca más.

El objetivo del *focusing* es que las personas identifiquen estas sensaciones y encuentren sus orígenes. Una vez que los orígenes son conocidos, el siguiente paso es buscar una manera de expresar esta sensación o problema en voz alta.

Cuando ocurre esto y se verbaliza el bloqueo interior, se produce un cambio. Este cambio es a veces muy notorio y a veces no tanto, pero significa que la persona ha logrado desatascarse y está en el camino para superar el conflicto. Se lo conoce como «cambio corporal sentido» y representa una sensación catártica para la persona. Implica que la persona ha dejado atrás una etapa y se encuentra de camino hacia la recuperación o resolución de ese conflicto interno.

Actividades y ejercicios

La práctica del *focusing* puede aprenderse fácilmente si se siguen una serie de pasos que facilitan un correcto desarrollo a través de este proceso de conocimiento personal:

Primer paso: despejar el espacio

◆ Antes de empezar con la sesión de *focusing*, es importante elegir un momento tranquilo y relajado, vestir ropa cómoda y apagar el móvil o cualquier otro aparato que pueda distraerte.

- Respira profundamente, aquieta tu mente y toma conciencia del momento presente.
- Permanece con los ojos cerrados durante unos cinco minutos, y entonces pregúntate qué sucede en tu vida ahora mismo que te impide ser plenamente feliz.
- Deja que el pensamiento ocupe toda tu mente y siente cómo su presencia genera sensaciones determinadas en distintas partes de tu cuerpo.
- Seguidamente, aleja ese pensamiento de tu cuerpo y vuelve a tu espacio interior.
- De nuevo, formula la misma pregunta y deja que otro asunto o situación que te preocupa haga acto de presencia en tu mente. Vuelve a alejarlo de ti y regresa a tu interior.
- Repite el mismo ejercicio hasta que ese espacio saturado de asuntos pendientes quede completamente despejado.
- Experimenta entonces la profunda sensación de relajación del momento.

Segundo paso: escoger una preocupación

- Elige una situación que te preocupe especialmente. Cada parte de tu cuerpo debe estar dispuesta a trabajar en ella durante los próximos diez minutos.

Tercer paso: hallar una sensación sentida

- Seguramente, al elegir una preocupación, el cuerpo ya ha empezado a reaccionar.
- Desde tu espacio interior siente la totalidad del problema y las sensaciones físicas que lo acompañan.

Cuarto paso: encontrar un asidero

◆ En *focusing*, un asidero se refiere a una palabra, una frase, una imagen o un sonido que simbolicen con cierta precisión todo el sentido de un problema o de una preocupación.

Quinto paso: resonar

◆ Consiste en verificar si el asidero elegido se ajusta a la sensación sentida.

◆ Si no encaja, debes seguir buscando hasta dar con el asidero que sintonice por completo.

Sexto paso: preguntar

◆ Interroga a la sensación sentida y observa posibles cambios. Por ejemplo: ¿qué cambiaría la situación?, ¿qué puedo hacer al respecto?

◆ En cada caso debes esperar a que la respuesta de la sensación sentida provenga de tu interior.

Séptimo paso: recibir lo que venga

◆ Sea lo que sea, cambie lo que cambie durante el proceso, acéptalo amigablemente y con gratitud.

◆ Acepta con humildad que ya has dado el primer gran paso en tu propio proceso de sanación interior.

25

Psicoterapia corporal

«Se dice que todo cuanto ansiamos es encontrarle un sentido
a la vida. No creo que sea eso lo que realmente buscamos.
Creo que lo que buscamos es experimentar el hecho de estar
con vida, de modo que nuestras experiencias vitales en el plano
puramente físico tengan resonancias dentro de nuestro ser y realidad
más internos, y así sentir realmente el éxtasis de estar vivos.»

JOSEPH CAMPBELL (1904-1987)

Antes de partir

El tono de la voz, la forma de mirar o la manera de andar dicen
mucho acerca de tu forma de ser o de actuar en la vida. Todos y
cada uno de los indicios corporales de tu personalidad causan
un efecto en los demás y viceversa. Por ejemplo, cuando recibes un
simple apretón de manos enseguida puedes captar qué tipo de
persona tienes enfrente, según la presión ejercida, la posición del
brazo, la sonrisa (o ausencia de ella) que acompañe el apretón, etc.

Como se dice popularmente, el 90% de la comunicación in-
terpersonal es no verbal. Aunque hay quien dice que es el 80% y
otros apuntan que se trata de un mero 70%.

Sea la cifra que sea, la comunicación no verbal sigue predo-
minando sobre la comunicación verbal, lo cual puede resultar

ridículo pero a la vez innegable. Por lo tanto, tener conocimientos sobre el lenguaje no verbal es una gran herramienta para entablar relaciones interpersonales sanas. Y no sólo para entender a los demás, sino, sobre todo, para entender qué transmitimos nosotros de manera inconsciente con nuestras expresiones y movimientos.

Un poco de historia

El estudio del lenguaje corporal siempre ha tenido una posición un tanto marginal dentro del estudio y el desarrollo de las psicoterapias. Pero fue Wilhelm Reich, uno de los discípulos más aventajados de Freud, quien, utilizando como base el trabajo de su mentor, desarrolló por primera vez la noción de «identidad funcional del cuerpo y la mente» durante la década de los treinta del siglo pasado.

Su teoría surgió como continuación de la teoría de la relación de objeto que afirma que el Ego o Yo sólo existe en relación con otros objetos. Reich extrapoló esta idea hacia el cuerpo humano en vez de objetos ajenos.

El trabajo de Reich acabó centrándose en la naturaleza segmentada del movimiento corporal: «La armadura muscular tiene un acuerdo segmentado…, siempre está en transversal al torso, nunca junto de él».

Su trabajo luego fue ampliado por el médico y psicoterapeuta Alexander Lowen, que fue quien proclamó: «No hay palabras tan claras como el lenguaje corporal». Esta noción sostiene que todo fenómeno humano es como una moneda de dos caras. Por ejemplo, un estado de ansiedad o estrés puede afectar al sistema inmunológico, mientras que un serio trastorno físico también puede alterar el estado cognitivo y emocional de la persona afectada.

Itinerario recomendado

Considerado como el padre de la psicoterapia corporal, Reich concibe el cuerpo más allá de ser un espacio subjetivo, enfocándolo como un espacio real que encierra una valiosa información sobre la historia de cada persona, en relación a sus impulsos, mecanismos de defensa, emociones, etc.

De esta forma, la psicoterapia propuesta por Reich incluye necesariamente el trabajo con el cuerpo, al que aborda con los siguientes supuestos básicos:

- El cuerpo es uno mismo.

- El cuerpo tiene un lenguaje propio.

- El cuerpo es el lugar donde habitan las emociones, el placer y el displacer.

- El cuerpo puede ser habitado con mayor bienestar y gozo de vivir.

- El cuerpo es una fuente de sabiduría orgánica en sí misma.

- El cuerpo es la base de la identidad del yo.

- El cuerpo es un puente hacia la profundidad de la persona.

- El cuerpo posee una plasticidad que permite cambios que afectan a la personalidad.

- Existe una relación muy directa entre autoimagen corporal y autoestima.

- El cuerpo refleja lo psicológico, y lo psicológico se manifiesta en el cuerpo.

~~~~~~

Sabías que...

La psicoterapia corporal es el método terapéutico más utilizado para personas que sufren trastorno por estrés postraumático o trastorno complejo por estrés postraumático. Esto se debe a que estas afecciones generalmente presentan fobia al tacto. Como la psicoterapia corporal pone tanto énfasis en el cuerpo, su funcionamiento y lenguaje, es la herramienta perfecta para ayudar a estas personas a recuperar un sentido corporal sano, lo que lleva a recuperar la confianza en los demás.

~~~~~~

Posibles itinerarios

La psicoterapia corporal utiliza una gran variedad de prácticas para potenciar la autorrealización y el conocimiento de uno mismo y de su cuerpo. La clave de esta terapia es combinar actividades en estado de alerta con actividades en estado de semivigilia o vigilia.

Los ejercicios en estado de alerta suelen estar centrados en el desarrollo de la observación, tanto de los demás como de uno mismo.

Por su parte, los ejercicios en estado meditativo se realizan para buscar la fuente de ciertos comportamientos corporales con el fin de corregirlos o substituirlos por otros.

Entre otras prácticas, se suele hacer hincapié en ejercicios del lenguaje tanto verbal como no verbal; ejercicios de asociación libre y fantasías; la exploración e interpretación de los sueños; la recuperación de recuerdos, y la reevaluación de perspectivas cognitivas para abordar la psique de la persona.

Actividades y ejercicios

En esta ocasión, propongo un ejercicio de asociación libre de ideas. Este tipo de ejercicios son muy utilizados en el psicoanálisis, que sostiene que, sin filtros mentales, la persona puede llegar a descubrir inquietudes o preocupaciones que no sabía que tenía, al menos a nivel consciente.

Para este simple ejercicio necesitarás papel, un bolígrafo y un reloj con cronómetro.

Siete días y siete ideas

- En un papel colocado de manera horizontal, dibuja siete líneas de arriba abajo para que la hoja quede dividida en siete columnas.

- A continuación, enciende el cronómetro y, sin perder tiempo, escribe las primeras siete palabras o cosas que te vengan a la cabeza, una en cada columna. Tienes un minuto.

- Cuando estés listo, no releas lo que has escrito y guarda al papel.

- Al día siguiente, repite la operación, escribiendo otras siete palabras debajo de las del primer día. Tienes otro minuto. Procura no leer lo que escribiste el día interior. El proceso tiene que ser lo más orgánico posible.

- Repite esta operación durante siete días. Al final del último día deberías tener cuarenta y nueve palabras, siete en cada columna.

◆ Deja pasar una semana y entonces recupera esa hoja. Ahora es el momento de activar la imaginación y buscar conexiones entre las siete palabras de cada columna. Ve apuntando las ideas que te vayan surgiendo y los motivos que crees que hay detrás de cada concepto o asociación de ideas. Si ves que hay un tema que se repite mucho, probablemente deberías reflexionar sobre él.

26
Eutonía

«La eutonía propone una búsqueda, adaptada al mundo occidental,
que ayude al hombre de nuestro tiempo a alcanzar una conciencia
profunda de su propia realidad corporal y espiritual
en auténtica unidad.»

GERDA ALEXANDER (1908-1994)

Un poco de historia

Creada en 1959 por Gerda Alexander, la eutonía (del griego
«*eu*», que significa «bueno», y «*tonos*», que significa «tono») es
una disciplina corporal no dirigida basada en la experiencia del
propio cuerpo.

Su objetivo es conseguir que la persona tome una profunda
conciencia de sí misma mediante la regulación de su tono muscular, adecuándolo a cualquier situación o momento de su vida.
Según la Asociación Argentina y Latinoamericana de Eutonía,
entre los beneficios de su práctica destacan:

◆ Prevención y reversión del deterioro de las funciones articu-
   lares.
◆ Desarrollo general de la sensibilidad y aumento de la percepción.

- Mejora de los reflejos posturales.
- Mejora de las funciones cardiocirculatorias, circulación linfática, respiración, digestión, etc.
- Conocimiento profundo de uno mismo.
- Desarrollo de la autoconfianza.
- Aceptación de uno mismo y de la realidad personal.
- Aprendizaje del uso adecuado del cuerpo en la vida cotidiana y en aquellas actividades que requieran esfuerzo.

Itinerario recomendado

La técnica utilizada se centra básicamente en ser conscientes de las percepciones. De ahí que la eutonía sea aplicable en cualquier momento del día y compatible con otras actividades. Puedes realizarla mientras caminas, en el trabajo, durante el almuerzo o en cualquier situación cotidiana.

El método consiste en practicar una serie de vivencias corporales-integradoras llamadas «principios». Son los siguientes:

- **Conciencia de la piel.** La idea es desarrollar el sentido del tacto a través del cual se provocan cambios neurológicos, glandulares, musculares y mentales capaces de llevar a la emoción.

  Esto se consigue acariciando conscientemente la piel con las manos y utilizando distintas densidades, como el dorso o la mano recogida en un puño. También se pueden incluir sutiles pellizcos, soplidos, golpeteos, etc., así como utilizar elementos como pedazos de seda o plumas, entre otros.

  A nivel neuromuscular, la regulación que ocurre desde la piel involucra a la totalidad del cuerpo físico, posibilitando la integración del cuerpo como unidad. Su vivencia remite al primer contacto materno o situaciones de mucha ternura.

◆ **Conciencia de los huesos.** Según este método, los huesos son la fuente fundamental de energía necesaria para que el movimiento sea económico. Asimismo, su forma determina su función.

En eutonía se trabaja tocándolos, deslizándolos, moviéndose desde ellos, sintiendo su volumen, su forma, su dirección, su estructura, la distancia que los separa de la piel, etc. Este trabajo libera tensiones crónicas, eleva el tono muscular y estimula la circulación.

Al ser conscientes de la estructura ósea, se facilita la alineación en la postura y la coordinación de los movimientos. Y al ser conscientes del fortalecimiento de la estructura ósea, se consigue una mayor confianza, seguridad y estabilidad interna.

◆ **Espacio interno.** Entendido como el área donde nos ocurren los procesos fisiológicos, neurológicos, afectivos, intelectuales y psíquicos. En este principio se trabajan sobre todo la piel, las articulaciones, los huesos y los órganos internos, tanto a lo largo como a lo ancho, así como la profundidad y el grosor de cada zona mencionada. A través del desarrollo del espacio interno, se adquiere una mayor seguridad en los movimientos y un sentimiento de autoconfianza.

◆ **Contacto consciente.** ¿Estás sentado en una silla o en un sillón?

¿Qué partes de tu cuerpo están en contacto con el respaldo? ¿Qué sensaciones tienes?

De eso trata el contacto consciente, de registrar sensaciones. Trabajo fundamental en esta técnica, el contacto consciente es el intercambio activo que se establece con uno mismo, con el medio o con otra persona. Se trabaja a través de diferentes tipos de contacto: circuito cerrado (conexión entre las extremidades), permeaciones (con las dos manos enfrentadas interponiendo un segmento del cuerpo propio o del otro) y radiaciones (una parte del cuerpo irradia directamente hacia otra).

- **Vibraciones óseas.** Es un trabajo para mejorar y aumentar la elasticidad y la vitalidad del cuerpo. Se realizan mediante pequeños movimientos, como, por ejemplo, golpeando con los pies en el suelo para percibir cómo repercute la acción y hacia dónde viaja la vibración generada.

- **Vibraciones vocales.** Consiste en realizar diferentes ejercicios explorando determinados sonidos: vocales, consonantes, palabras.

  Así se estimula el reconocimiento del espacio interno, facilitando la distinción de estructuras de tejidos, regiones del cuerpo, cavidades y huesos.

Actividades y ejercicios

Aparte del enfoque más generalista que acabo de explicar, la eutonía también tiene ejercicios específicos para hacer frente a problemas determinados. Por ejemplo, el ejercicio que se explica a continuación tiene la finalidad de aliviar el dolor y proporcionar energía. Aunque no se trate de un ejercicio meditativo, es importante estar muy concentrado para poder percibir las sutilezas de nuestro propio cuerpo.

- Busca un espacio en el que puedas moverte con libertad. Debes vestir prendas cómodas.

- Comienza respirando por la nariz. La respiración debe ser abdominal, así que lo que debe inflarse y desinflarse es el vientre, no el pecho. Puedes colocarte las manos sobre el pecho para concentrarte en no moverlo demasiado y así asegurarte de estar realizando una buena respiración abdominal.

- Céntrate en la respiración y en su ritmo, y procura que la inhalación y la exhalación tengan la misma duración.

- Cada cinco respiraciones, haz que la quinta sea especialmente profunda y, cuando te toque exhalar, aprieta los músculos abdominales para asegurarte que todo el aire abandona tu cuerpo. Repite esta serie unas cuantas veces.

- Después, empieza a expandir tu respiración. Eso significa que debes dejar que todo tu cuerpo respire contigo. Quita las manos del pecho y deja que éste se expanda y contraiga acompañando al oxígeno que entra y sale. Asimismo, esfuérzate en abrir las costillas. Puedes rozarlas con las manos para ayudarte a centrar en el movimiento que deseas que hagan. Recuerda que debes respirar por la nariz y exhalar por la boca.

- Cierra los ojos y siente cómo la respiración va ganando terreno por todo tu cuerpo. Una manera correcta de respirar te llenará de vitalidad.

- Si tienes alguna zona del cuerpo dolorida, concéntrate momentáneamente en ella. Cuando la tengas localizada, visualiza el camino que debe recorrer el aire desde tu nariz para llegar hasta esa zona.

◆ A partir de entonces, visualiza ese camino. Siéntelo bajo tu
    piel, expandiéndose, llegando al punto de dolor. Sigue reco-
    rriendo ese camino mental y poco a poco notarás una sensa-
    ción de alivio.

◆ Para terminar la sesión, debes ir restringiendo lentamente tu
    respiración, es decir, debe pasar de nuevo de ser completa a
    abdominal. Y poco a poco debe ser algo menos profunda pero
    más suave, más cómoda, hasta que finalmente llegues a tu rit-
    mo respiratorio normal.

27
Relajación muscular progresiva de Jacobson

«Deja que la mente se calme y el corazón se abra.
Entonces todo será muy evidente.»

RAVI SHANKAR (1956)

Un poco de historia

Creada por el fisioterapeuta Edmund Jacobson en 1939, esta técnica busca provocar un estado de relajación mental mediante la supresión progresiva de las tensiones musculares asociadas a nuestras emociones y pensamientos.

El método trabaja la llamada «tensión muscular residual» o «tono muscular», que no es otra cosa que la contracción parcial, pasiva y constante de nuestros músculos. Dicha tensión permite mantener la postura y acostumbra a decrecer durante la fase de sueño más profunda.

Esta contracción parcial hace referencia al estado en que se encuentran los músculos de todo el cuerpo cuando estás en reposo. Se supone que, mientras el cuerpo está en dicho estado, la musculatura debería mantenerse relajada. Pero no es así. La mente sigue con su ritmo habitual de pensamientos, preocupaciones, ansiedad y estrés, haciendo que se desencadenen impulsos nerviosos inconscientes que pueden provocar que la tensión muscular sea demasiado elevada, ocasionando con ello trastornos a nivel físico.

Itinerario recomendado

El método de Jacobson sostiene que es posible aprender a atender y discriminar las sensaciones resultantes de la tensión y la distensión muscular. Pero su procedimiento original requería dedicar muchas horas de entrenamiento, y fue Joseph Wolpe quien introdujo modificaciones y adaptó dicha técnica reduciendo el procedimiento.

Para su práctica, se necesita un espacio tranquilo, desconectar los teléfonos y asegurarse de no ser interrumpido durante la sesión. Asimismo, la luz de la habitación debe ser tenue y la temperatura, agradable, ni demasiado fría ni excesivamente calurosa.

♦ **La primera fase**, llamada de **tensión-relajación**, consiste en tensionar y luego distender diferentes grupos de músculos a lo largo del cuerpo. De esta forma, se busca aprender a reconocer la diferencia que existe entre un estado de tensión muscular y otro de relajación. Así se alcanza un estado de relajación física localizada que, de forma progresiva, se extiende y generaliza a todo el cuerpo. En general, se recomienda tensionar y relajar lentamente cada grupo muscular durante varios segundos y en sesiones de entre cinco y diez minutos.

♦ **La segunda fase** de este método consiste en **revisar mentalmente los grupos de músculos** y comprobar uno por uno que se han ido relajando al máximo.

◆ Finalmente, en **la última fase**, llamada de **relajación mental**, se debe pensar en una imagen o escena agradable y positiva a la vez que sigues relajando el cuerpo físico.

Esta técnica se puede repetir varias veces al día.

Actividades y ejercicios

A continuación, expondré detalladamente cómo realizar una sesión de relajación muscular del método de Jacobson y Wolpe.

Primera fase:

◆ **Relajar el rostro, el cuello y los hombros, repitiendo cada ejercicio tres veces con intervalos de descanso de unos segundos:**
  - Frente: arrugar durante unos segundos y relajar lentamente.
  - Ojos: abrir ampliamente y cerrar lentamente.
  - Nariz: arrugar unos segundos y relajar lentamente.
  - Boca: sonreír ampliamente y relajar lentamente.
  - Lengua: presionar la lengua contra el paladar y relajar lentamente.
  - Mandíbula: presionar los dientes, notando la tensión en los músculos laterales de la cara y en las sienes, y relajar lentamente.
  - Labios: arrugar como para dar un beso y relajar lentamente.
  - Cuello y nuca: flexionar hacia atrás y volver a la posición inicial. Flexionar hacia delante y volver a la posición inicial lentamente.

- Hombros y cuello: elevar los hombros presionando contra el cuello y volver a la posición inicial lentamente.

- **Relajar los brazos y las manos:**
  - Contraer, sin mover, primero un brazo y luego el otro con el puño apretado, notando la tensión en brazos, antebrazos y manos.
  - Relajar lentamente.

- **Relajar las piernas:**
  - Estirar primero una pierna y después la otra, levantando el pie hacia arriba y notando la tensión en las piernas: nalgas, muslo, rodilla, pantorrilla y pie.
  - Relajar lentamente.

- **Sentado en una silla, relajar el tórax, el abdomen y la región lumbar:**
  - Espalda: poner los brazos en cruz y llevar los codos hacia atrás. Notar la tensión en la parte inferior de la espalda y los hombros.
  - Tórax: inspirar y retener el aire durante unos segundos en los pulmones. Observar la tensión en el pecho. Espirar lentamente.
  - Estómago: tensar el estómago y relajar lentamente.
  - Cintura: tensar las nalgas y los muslos elevando el trasero de la silla.

Segunda fase:

Consiste en repasar mentalmente cada una de las partes que has tensionado y relajado para comprobar que cada parte sigue relajada y distender aún más cada una de ellas.

Tercera fase:

Finalmente, durante la fase de relajación, deberías pensar en algo agradable, algo que te guste y que sea relajante, como una música o un paisaje, o bien dejar la mente en blanco.

28

Terapia bioenergética

«El cuerpo tiene su propia sabiduría.
Aceptar las realidades de la vida, y escuchar
nuestro cuerpo lleva a la realización.»

ALEXANDER LOWEN (1910-2008)

Antes de partir

La terapia bioenergética busca ayudar a la persona a reconciliar-se con su cuerpo y a sacar todo el jugo de su existencia. Para ello trabaja el funcionamiento básico de la respiración, los movimientos, el tacto y la libre expresión de la personalidad.

Quien no respira profundamente, acorta la duración de su cuerpo. Quien no siente plenamente, reduce asimismo su vida, y lo mismo sucede si se reprime la expresión de su personalidad. Así la define el doctor Alexander Lowen, unos de los creadores de esta terapia que trabaja con la energía del organismo humano y considera que todas nuestras funciones (somáticas y psíquicas) son el efecto de la energía vital que puede aumentarse y disminuirse por mecanismos o trastornos internos o por influencia del medio ambiente.

Según esta idea de unidad dinámica, cuando alguna de tus funciones somáticas se altera debido a la ausencia o exceso de dicha energía, las funciones psíquicas también se ven alteradas. Y, del mismo modo, cuando se dan restricciones o excesos de energía vital en las funciones psíquicas, el organismo físico también queda afectado.

Para Lowen, los procesos energéticos del cuerpo determinan lo que sucede en la mente, y del mismo modo determinan lo que sucede en el cuerpo. La energía procedente del cuerpo, la que tiene una persona y cómo la usa, determina su personalidad y se refleja en ella.

El mensaje es: «Tú eres tu cuerpo».

Itinerario recomendado

A nivel práctico, la terapia bioenergética se fundamenta en el trabajo sobre las llamadas «capas defensivas», esto es, estructuras de dentro hacia fuera que se disponen en círculos concéntricos.

En la parte más externa de la personalidad se encuentra **la capa del ego**, en la que están las defensas psíquicas, como la negación, la proyección o la racionalización. O sea, todas esas herramientas que utilizamos de forma inconsciente para justificar nuestras acciones o para buscar enemigos o circunstancias externas a los que culpabilizar de nuestros problemas y dificultades.

Le sigue **la capa muscular**, que contiene las tensiones musculares crónicas que apoyan y justifican las defensas del ego y protegen al individuo contra la capa interior de sentimientos reprimidos que no osa expresar. Este nivel envuelve a la capa de sentimiento, en la que están las emociones reprimidas de ira, pánico, tristeza, etc. Las personas no son conscientes de que su cuerpo genera mecanismos físicos que apoyan a las defensas psíquicas. De hecho, lo normal es que la propia persona no se dé cuenta de que sus acciones la delatan hasta que otra persona se lo dice. Un ejemplo sería la gente que mira al suelo a la hora de mentir o que se muerde el labio en momentos de nerviosismo o estrés.

Y por último, en lo más profundo, está **el centro** o **corazón**, que encierra el sentimiento de amar y ser amado. Esta capa es la que las defensas físicas y psíquicas tratan de proteger a toda costa porque encierra la verdadera esencia de la persona y, por lo tanto, su lado más vulnerable.

Actividades y ejercicios

En la terapia bioenergética, se llega a estas capas a través de diferentes ejercicios que ayudan a observar y eliminar las tensiones del cuerpo, aumentar su energía y promover el buen funcionamiento de todas las funciones del organismo humano: físicas, emocionales, intelectuales y espirituales.

Este método considera que la energía vital tiende a bloquearse en siete zonas del cuerpo: ocular, oral, cervical, torácica, diafragmática, abdominal y pélvica.

Para disolver bloqueos y mejorar la circulación de dicha energía, uno de los ejercicios bioenergéticos básicos es el de enraizamiento, de toma de tierra, o *grounding*.

◆ Ponte de pie con las piernas separadas unos veinte centímetros, asegurándote de que los pies queden en paralelo con las caderas.

◆ Cuando estés listo, inclínate lentamente hacia delante descolgando la cabeza, el cuello, los hombros, los brazos y la columna vertebral hasta que las manos tomen contacto con el suelo.

- Durante el ejercicio, las rodillas deben mantenerse ligeramente dobladas. Si eres poco flexible, dóblalas más y verás cómo así logras llegar al suelo. También debes dejar que todo el peso del cuerpo recaiga sobre las plantas de los pies.

- Mantén esta postura durante un minuto.

- A partir de esta postura, la idea es intentar enderezar las rodillas sin que lleguen a quedar completamente rígidas. Con este gesto se busca provocar una ligera vibración producto de la carga energética de la musculatura. Esto puede resultar un poco doloroso si no se tiene mucha flexibilidad, con lo que es recomendable hacer estiramientos antes de empezar el ejercicio.

- Si la vibración o los temblores fruto de la tensión muscular no aparecen, eso significa que nuestra carga de energía vital es excesivamente baja. Según la bioenergética, en general la calidad de esta vibración en el organismo indica si la energía vital fluye más o menos correctamente y hasta qué punto se ve afectada por las presiones de la mente.

- A la hora de recoger la postura, empieza por doblar más las rodillas, hasta que notes que desaparece la tensión en la parte trasera de las piernas. Entonces recoge la espalda unos diez centímetros y deja que las manos se balanceen ligeramente. Cuenta hasta diez y empieza a incorporarte manteniendo la barbilla pegada al pecho. Cuando tengas la espalda completamente recta, puedes subir la cabeza.

- Es recomendable realizar este ejercicio una vez al día.

Sabías que...

Según Wilhelm Reich, maestro de Lowen y precursor de la terapia bioenergética, la mayoría de las personas nunca logran experimentar un orgasmo en su máxima potencia. Los desequilibrios bioenergéticos crean pequeños bloqueos que limitan la respuesta física y química del cuerpo frente a la estimulación orgásmica. Y añade que la mayoría de la gente, a medida que va haciéndose mayor, va introduciendo, de forma inconsciente, bloqueos en su mente del tipo «ya no tengo la misma energía que antes» o «ya no puedo hacer eso». Estas creencias acaban teniendo un efecto en la capacidad para experimentar satisfacción sexual. Sin embargo, no hay documentación científica que respalde que con la edad se deba perder la capacidad de disfrutar del sexo.

29
Eneagrama de la personalidad

«Para poder hacer, es necesario saber.
Pero para saber, es necesario encontrar cómo saber.»

George I. Gurdjieff (¿1877?-1949)

Un poco de historia

Inspirado en el trabajo del místico armenio George Ivánovich Gurdjieff y desarrollado por el filósofo Óscar Ichazo y más adelante por el psiquiatra chileno Claudio Naranjo, tiene sus raíces en el sufismo y básicamente consiste en un sistema de clasificación de la personalidad a partir de un diagrama en forma de estrella de nueve puntas.

Este modelo explicativo de nuestra forma de ser trabaja a dos niveles. Por una parte, analiza el nivel rígido y defensivo con que te enfrentas a la vida y a las relaciones cuando estás controlado por partes inmaduras o heridas de tu personalidad. Por otra, analiza los rasgos de dicha personalidad que van emergiendo conforme vas tomando conciencia de tus reacciones automáticas e infantiles frente a las dificultades.

Esta herramienta de autoconocimiento analiza las nueve pasiones que conforman la personalidad para poder identificar cuál de ellas te domina. Según el eneagrama, todos pertenecemos a un tipo de estas pasiones, y si aprendemos a trabajar con ellas lograremos profundizar en nuestro ser y «dejar de actuar reactivamente, con automatismos, como una máquina y ser capaces de actuar con conciencia ante cada situación», explica Claudio Naranjo.

Paradas obligatorias

Estas nueve pasiones reciben el nombre de «eneatipos» y se basan en la idea de que los seres humanos tenemos tres necesidades básicas para desarrollarnos bien y que disponemos de tres energías para satisfacerlas.

Las tres necesidades son:

* **Necesidad de autonomía.** Tenemos una clara necesidad de autoafirmarnos e imponer nuestro ego.

* **Necesidad de amor.** Necesitamos sentirnos queridos y querer.

* **Necesidad de seguridad.** En alerta continua, necesitamos sentirnos seguros y tener perspectiva de las cosas.

En cuanto a las tres energías, éstas son:

* **Energía del estómago.** Dominada por la emoción de la rabia, se refiere a los impulsos vitales e instintivos que nos ayudan a reafirmar y defender nuestro espacio.

* **Energía del corazón.** Se refiere a las cualidades emocionales que participan en nuestra búsqueda de relaciones con las demás personas.

◆ **Energía de la cabeza.** Contribuye a analizar las situaciones a través de las funciones de percepción y de pensamiento.

Posibles itinerarios

Según el eneagrama, todos hemos experimentado durante la infancia una serie de carencias más o menos profundas que han dejado huella en nuestra personalidad. Precisamente de ahí surgen los nueve tipos de personalidad que generan una serie de creencias inconscientes acerca de cómo debemos afrontar nuestra realidad.

Según el tipo de creencia, el eneagrama agrupa a las personas en tres grandes bloques:

◆ **Eneatipos corporales**

Se refiere a aquellas personas que tienen carencias de autonomía y en consecuencia han desarrollado mucho su energía del estómago como forma de compensar esa falta.

Dentro de este grupo están los eneatipos 1, 8 y 9:

1. **El perfeccionista.** Para este tipo de persona sólo hay una forma de hacer las cosas y le irrita la imperfección. Tiende a la rigidez, le falta de espontaneidad y planifica absolutamente todo en su vida. Detallista y ordenado, en su interior reprime un fuerte sentimiento de ira (que acostumbra a dirigir hacia sí mismo) y tiende a controlar a la gente que lo rodea. Normalmente, se siente insatisfecho y descontento consigo mismo.

8. **El jefe.** En este grupo se encuentran las personas impulsivas, directas y dominantes. Disponen de una gran autocon-

fianza y se crecen en los conflictos y situaciones difíciles. Muestran una gran energía y pueden llegar a abrirse camino por la fuerza. Son muy leales pero siguen sus propias reglas. Son personas de acción y fuerte carácter.

9. El mediador. Considerado como el pacificador del eneagrama, ha aprendido desde pequeño a olvidarse de sus necesidades e incluso de sí mismo. Este tipo de persona siente gran temor a la separación y anhela la armonía en todos los ámbitos de su vida. De ahí su predilección por la tranquilidad, la rutina y la comodidad. De carácter bondadoso y conciliador, tiene cierta tendencia a la indolencia y la pereza. Nunca da lugar a la discusión, es sereno y nada ambicioso.

♦ **Eneatipos emocionales**

Engloba a aquellas personas cuya energía del corazón está descompensada y acostumbra a anular a las otras dos. Dentro de este grupo están los eneatipos 2, 3 y 4:

2. El altruista. Es un tipo de persona que se ha acostumbrado desde pequeña a ayudar a los demás y muestra claramente su deseo de amar y ser amado. Gran parte de su comportamiento está basado en la búsqueda de la aprobación ajena. Tiene la continua necesidad de sentirse amada, protegida e importante en la vida de los otros para así satisfacer su necesidad encubierta de amor.

3. El ejecutor. Según el eneagrama de la personalidad, en este grupo están aquellas personas que desde la infancia han reprimido su necesidad de amar y de ser amadas, aunque siempre buscan relacionarse (han reprimido la energía del corazón). En su lugar, compensan dicha ausencia con la necesidad de despertar admiración en los demás y tener éxito.

4. **El romántico.** En este grupo están las personas que tienen hiperdesarrollada la energía del amor. Son sufridoras y continuamente demandan atención y ayuda. Esa gran necesidad de amor que tienen llega a convertirse en autocompasión. Se aman a sí mismas y a su mundo interior.

◆ **Eneatipos intelectuales**
Engloba al grupo de personas regidas por la energía de la cabeza, ya sea reprimida, desviada o hiperdesarrollada. Pertenecen a esta categoría los eneatipos 5, 6 y 7:

5. **El observador.** Este tipo de personas tienden a retirarse y aislarse para proteger su espacio privado. Les gusta observar más que participar, y acostumbran a mostrar una actitud fría y distante. Son muy autosuficientes y no acostumbran a hablar de sus sentimientos.

6. **El leal.** Este tipo de personas tienden a exagerar los peligros y evitar los riesgos, mostrándose muy prudentes. Son extremadamente desconfiadas y tienen una gran afinidad a las normas y las reglas, por lo que suelen ser muy fieles y leales.

7. **El epicúreo.** Es el perfil de aquella persona que continuamente busca situaciones placenteras en la vida que la estimulen y la ayuden a no pensar ni experimentar sus temores. Incluso puede llegar a huir del presente y no hacerse cargo de sus compromisos a largo plazo, de las situaciones dolorosas o de su propio sufrimiento.

Actividades y ejercicios

En esta ocasión, me gustaría proponerte un ejercicio diferente. Esta vez, nada de respiraciones ni de habitaciones en semipenumbra. Lo que te propongo es un poco de autorreflexión.

- Relee los tipos de personalidades del eneagrama y, con toda honestidad, busca en cuál de ellos encuentras una descripción más acertada de ti. Cuando lo tengas, apúntatelo.

- A continuación, busca cuál de estos perfiles es el menos parecido a ti. Apúntalo también.

- Ahora busca el segundo mejor y el segundo peor para describirte. Y luego el tercero mejor y peor, etc., hasta que tengas una columna con cuatro nombres y otra con cinco.

- Dale la vuelta a la hoja y repasa cada perfil en orden del 1 al 9. Y busca en cada perfil algo con lo que logres identificarte, alguna situación en la que actuaras de un modo parecido al descrito.

- Cuando termines, repite la operación pero buscando, esta vez, un rasgo o elemento que no sea nada tuyo.

- Después, aparta el papel, cierra los ojos y reflexiona sobre lo que has aprendido.

¡Echad el ancla!

Estimado amigo, bienvenido al final del viaje. En esta primera travesía por los mares interiores has navegado por las aguas de la autohipnosis, te han arrastrado los vientos de la meditación, has visitado el Tíbet, avistado Hawái y paseado por la India. Has cruzado los canales oníricos, has divisado planos astrales y hasta has leído un poco de Proust.

En este fascinante viaje has demostrado tus ganas de ver el mundo y un apetito voraz de autoconocimiento. Con la mente abierta y el corazón dispuesto te has aventurado por extraños parajes.

Ha sido un placer tenerte como miembro de esta tripulación. Pero es el momento de que emprendas tu propio viaje.

Aprovecha lo que has aprendido: ahora conoces muchos posibles destinos y unos cuantos caminos que te llevan hacia ellos. Algunos te habrán gustado. Habrás pensado: «Sí, aquí me siento como en casa». Otros seguro que te han descolocado con nociones que jamás habías considerado. Puede que algunos te parezcan una locura, pero tu espíritu aventurero puede que te pida que aceptes el reto. Y, por supuesto, habrá caminos que no te han gustado. Lo que importa es que ahora tienes las herramientas para zarpar por tu cuenta.

Permítete unos días de descanso y reflexión y, cuando sientas que la brisa de lo desconocido te reclama, haz de nuevo ese ligero equipaje, cárgalo en el pequeño velero y déjate llevar.

Me gustaría despedirme dejándote unas palabras que en muchas ocasiones me han dado consuelo e insuflado energía. Y, por supuesto, te deseo un buen viaje.

«Si siempre estamos llegando y partiendo, también es cierto que estamos eternamente anclados. El destino de uno nunca es un lugar sino una nueva forma de ver las cosas.»

HENRY MILLER

«No es oro todo lo que reluce, ni todo lo que anda errante está perdido.»

J. R. R. TOLKIEN

«Ni yo ni nadie puede recorrer ese camino por ti. Habrás de recorrerlo tú mismo. No está lejos. Está al alcance. Tal vez has andado sobre él desde tu nacimiento, sin saberlo. Tal vez está en todas partes, en el agua y en la tierra.»

WALT WHITMAN

«En los mismos ríos entramos y no entramos, pues somos y no somos los mismos.»

HERÁCLITO

«Es bueno tener un fin hacia el que viajar,
pero, al final, es el viaje lo que importa.»

Ernest Hemingway

«Cada día es un viaje, y ese viaje es tu hogar.»

Matsuo Basho

Glosario rápido de navegación

Aunque el viaje del cosmonauta interior requiere paciencia y mucho tiempo de dedicación, no está de más contar con un pequeño glosario de bolsillo que permita acceder rápidamente a términos y conceptos con los que normalmente el viajero no está familiarizado.

- *Aislamiento*. Reducir el grado de implicación en situaciones que puedan ser o sean desilusionantes.

- *Alegría*. Estado de la mente o sentimiento de satisfacción, placer, gozo o felicidad en relación a una calidad de vida.

- *Asana*. Postura utilizada en la práctica del yoga que, ejecutada correctamente, ayuda a estabilizar el cuerpo y la mente.

- *Autohipnosis*. Técnica que permite programar la mente subconsciente mediante sugerencias o sugestiones.

- *Autoscopia*. Experiencia en la que el individuo, mientras cree estar despierto, ve su propio cuerpo desde una perspectiva externa.

- *Chi*. Energía de la vida y fuerza vital esencial que anima todas las formas de vida del universo.

- *Chi kung.* Terapia que combina movimiento, meditación y regulación de la respiración para mejorar el flujo de *chi*, o energía vital, en el cuerpo, para mejorar la circulación y la función inmune.

- *Compensación.* Desarrollar la capacidad positiva en un intento de compensar una deficiencia física, social o intelectual.

- *Conciencia.* Función elemental que determina nuestra capacidad para relacionarnos con el ambiente y con nosotros mismos.

- *Confianza.* Creencia en que una persona será capaz y deseará actuar de manera adecuada en determinada situación y con determinados pensamientos.

- *Cuenco tibetano.* Instrumento que provoca una serie de vibraciones complejas que, por el efecto de resonancia, son capaces de activar, armonizar y complementar nuestras vibraciones desarmónicas.

- *Emoción.* Sentimiento o percepción de los elementos y relaciones de la realidad o la imaginación, que se expresa físicamente mediante alguna función fisiológica, como reacciones faciales o pulso cardíaco, e incluye reacciones de conducta como el llanto, la agresividad, etc.

- *Entrenamiento autógeno.* Método que consiste en tensar y destensar diferentes grupos musculares del cuerpo hasta generar un estado de profunda relajación.

◆ *Estado alterado de conciencia*. Modificación de la misma a través de distintas técnicas y métodos mediante los que se transforma la percepción de la persona, de su mundo y de las relaciones entre ambas instancias.

◆ *Eutonía*. Disciplina corporal no dirigida basada en la experiencia del propio cuerpo.

◆ *Focusing*. Método corporal enfocado a la autoconciencia y la curación emocional, creado en los años sesenta por el filósofo experiencial y psicoterapeuta Eugene Gendlin.

◆ *Hakomi*. Técnica de autoestudio que se centra en el cuerpo y se fundamenta en la práctica de la atención plena.

◆ *Ho'oponopono*. Antiguo método de sanación hawaiano, es una herramienta de conciliación y resolución de conflictos a través de las palabras, que se utiliza para alcanzar la paz interior y la armonía en las relaciones y está basado en el amor y el perdón.

◆ *Magdalena de Proust*. Fragmento de la obra *En busca del tiempo perdido*, de Marcel Proust, claro ejemplo del llamado «condicionamiento clásico» o «condicionamiento pavloviano».

◆ *Mantra*. Sílabas, palabras o frases que se utilizan en el hinduismo y el budismo para invocar a la divinidad o como punto de apoyo de prácticas de meditación.

◆ *Metacognición*. Conjunto de estrategias y habilidades que nos permiten tomar conciencia y controlar los procesos cognitivos.

- *Método paranoico-crítico*. Método espontáneo de conocimiento irracional basado en la asociación interpretativa-crítica de los fenómenos delirantes.

- *Negación*. No reconocer algún aspecto doloroso de la realidad, negando los datos aportados por los sentidos.

- *Nirvana*. Estado de trascendencia en el que la persona se libera del sufrimiento o *dukkha* y alcanza un nivel de felicidad suprema, según la tradición budista.

- *Paranoia*. Estado mental en el que los pensamientos y los miedos propios son atribuidos a la presencia de un otro que se considera externo, provocando la proyección de la realidad interior en el mundo exterior.

- *Pranayama*. Práctica de ejercicios de respiración consciente y deliberada propias del yoga.

- *Proyección*. Atribuir a otra persona algún defecto moral o falta que tenemos.

- *Proyección psíquica*. Conjunto de experiencias adquiridas, ya sea a través de un estado de meditación profunda o un sueño lúcido, en forma de percepciones extrasensoriales y la separación del llamado «cuerpo astral» del cuerpo físico.

- *Psicología de la Gestalt*. Metodología basada en la experiencia, cuyo enfoque se orienta a que las personas consigan ser lo que realmente son, dando espacio a sus inclinaciones y diferentes personalidades, aceptando todo eso e integrándolo en una vida valiosa y bien orientada.

◆ *Psicología transpersonal.* Técnica que promueve la evolución de la conciencia del individuo ayudándolo a trascender su ego hasta alcanzar un nivel de unicidad universal, a través de ejercicios de respiración holotrópica, meditación o regresión hipnótica.

◆ *Psicoterapia corporal.* Método que utiliza el lenguaje, las fantasías, la asociación libre, la exploración de sueños, la reevaluación de perspectivas cognitivas y la recuperación de recuerdos para abordar la psique de la persona.

◆ *Pulsos binaurales.* Sonidos de baja frecuencia que influyen en el cerebro de quien los escucha induciéndolo a generar ondas cerebrales capaces de producir relajación, sueño, estados alterados de conciencia, estados meditativos, sueños lúcidos, eliminación del dolor y otros beneficios para la salud física o psíquica.

◆ *Racionalización.* Emplear explicaciones racionales en un intento de justificar determinadas actitudes, creencias o comportamientos personales que, de otro modo, serían censurables.

◆ *Regresión.* Acto de retornar a conductas del pasado como forma de resolver una dificultad.

◆ *Relajación muscular progresiva de Jacobson.* Técnica que busca provocar un estado de relajación y tranquilidad mental mediante la supresión progresiva de las tensiones musculares asociadas a nuestras emociones y pensamientos.

- *Represión.* Eliminar o expulsar una idea o sentimiento de la conciencia.

- *Respiración holotrópica.* Técnica de psicoterapia experiencial y de autoexploración profunda desarrollada en los años setenta por el psiquiatra checo doctor Stanislav Grof y su esposa Cristina Grof.

- *Samadhi.* Estado de conciencia más elevado que existe, un estado constante de quietud absoluta sin importar las perturbaciones que se sufran.

- *Sueño lúcido.* Tipo de sueño en el que la persona está consciente de que se halla dormida y que en su sueño está experimentando alguna actividad.

- *Taichi.* Arte marcial de origen chino que se basa en el desarrollo de la energía interior mediante la suavidad y la intención.

- *Terapia bioenergética.* Método creado por Alexander Lowen, fundamentado en la estructura corporal y en la identificación de la mente y del cuerpo.

- *Trance.* Mecanismo psicológico en el que la persona se abandona a ciertas condiciones externas o internas y experimenta un estado de conciencia diferente.

- *Viaje chamánico.* Método para alcanzar estados no ordinarios de conciencia y explorar los diversos niveles del inconsciente individual.

◆ *Vipassana.* Una de las técnicas más antiguas de meditación, originaria de la India, basada en la observación de la mente y la materia y sus aspectos de impermanencia, insatisfacción y falta de una esencia inherente e independiente o yo.

◆ *Yoga.* Disciplina física y mental originaria de la India.

Agradecimientos especiales

A Pere Romanillos y Helena Pons, exploradores intrépidos que me han acompañado en esta travesía hacia lo más profundo de uno mismo.

A Gabriel García de Oro, por haber creído en el viaje desde el principio. Siempre navegaremos por mares insospechados.

A Rocío Carmona por revisar y ampliar con lucidez la primera carta de navegación. ¡Gracias por tus inspiraciones!

A Sandra Bruna, porque sin tu Control de Tierra me habría perdido en la noche estelar.

A David Bowie, porque su exposición en Londres me abrió los ojos a otra clase de odisea.

A todos los lectores y viajeros que hacen de este mundo un lugar siempre nuevo y excitante.